KHUMBU HIMAL

ERGEBNISSE DES FORSCHUNGSUNTERNEHMENS NEPAL HIMALAYA
ZWÖLFTER BAND

Sherpa-Frau aus Deku in Ost-Solu beim Worfeln von Gerste.
(Photo: W. Limberg, 23. Mai 1965)

UNTERSUCHUNGEN ÜBER BESIEDLUNG, LANDBESITZ UND FELDBAU IN SOLU-KHUMBU (MOUNT EVEREST-GEBIET, OST-NEPAL)

STUDIES OF SETTLEMENT, LAND TENURE AND CULTIVATION IN SOLU-KHUMBU (MOUNT EVEREST REGION, EAST NEPAL)

VON / BY

WALTER LIMBERG

MIT 3 TABELLEN, 32 ABBILDUNGEN UND 6 BEILAGEN
WITH 3 TABLES, 32 ILLUSTRATIONS AND 6 SEPARATE PLATES

UNIVERSITÄTSVERLAG WAGNER — INNSBRUCK
1982

Gesamtleitung des Forschungsunternehmens
Nepal Himalaya
Prof. Dr. WALTER HELLMICH †

Mit Förderung durch den Deutschen Alpenverein
und den Österreichischen Alpenverein

Träger: Fritz-Thyssen-Stifung

Der vorliegende Band ist eine Dissertation der Universität Regensburg, Institut für Geographie

Anschrift des Verfassers: Dr. Walter Limberg
Address of the author   Im Münchfeld 23
                           D-6500 Mainz

CIP-Kurztitelaufnahme der Deutschen Bibliothek

Khumbu Himal: Ergebnisse d. Forschungsunter-
nehmens Nepal, Himalaya / [Gesamtleitung d.
Forschungsunternehmens Nepal, Himalaya Walter
Hellmich. Träger: Fritz-Thyssen-Stiftung]. —
Innsbruck: Wagner
    Früher mit d. Erscheinungsorten: Innsbruck,
    München
NE: Hellmich, Walter [Hrsg.]; Forschungsunter-
nehmen Nepal, Himalaya ⟨1960—1965⟩
Bd. 12. → Beiträge zur Sherpa-Forschung

Beiträge zur Sherpa-Forschung / F. W. Funke. —
Innsbruck: Wagner
    (Khumbu Himal; . . .)
    Früher mit d. Erscheinungsorten: Innsbruck,
    München
NE: Funke, Friedrich W. [Hrsg.]
Teil 5. → Limberg, Walter: Untersuchungen über
Besiedlung, Landbesitz und Feldbau in Solu-
Khumbu (Mount-Everest-Gebiet, Ost-Nepal)

Limberg, Walter:
Untersuchungen über Besiedlung, Landbesitz und
Feldbau in Solu-Khumbu (Mount-Everest-Gebiet,
Ost-Nepal) = Studies of settlement, land tenure
and cultivation in Solu-Khumbu (Mount Everest
region, East Nepal) / von Walter Limberg. —
Innsbruck: Wagner, 1982.
    (Beiträge zur Sherpa-Forschung; Teil 5)
    (Khumbu Himal; Bd. 12)
ISBN 3-7030-0107-0

ISBN 3-7030-0107-0

INHALTSÜBERSICHT
Contents

ANHANG
Appendix

VERZEICHNIS DER TABELLEN
Tables

VERZEICHNIS DER ABBILDUNGEN
Illustrations

VERZEICHNIS DER BEILAGEN
Plates

VORWORT ZUM TEIL V DER „BEITRÄGE ZUR SHERPA-FORSCHUNG"

Die seit 1965 im Sherpa-Gebiet Nepals von unserer Gruppe durchgeführten Forschungen finden in der hier vorgelegten Untersuchung eine wesentliche Verankerung auch im Wirtschaftsleben dieses Hochgebirgsvolkes. In der Frühzeit der Völkerkunde wurde der Entwicklungsstand der Völker nach deren Wirtschaftsformen bemessen. Später hat man sich mehr um eine ganzheitliche Würdigung des Gesamtkulturbildes bemüht. In diesem Sinne ist diese Darstellung der Landnutzung ein fundamentaler Schritt zum Verständnis der Gesamtkultur der Sherpa. Durch die Verbindung geographischer mit ethnologischen Methoden ist es dem Verfasser gelungen, am Beispiel Bhandar auch die Landnahme der Sherpa, das Vordringen der in Nepal herrschenden Kasten und die damit verbundenen Besitz- und Erbrechtswandlungen anhand der Landbesitzveränderungen sogar kartographisch zu dokumentieren. Ebenso ist die genaue großmaßstäbige Kartierung der Landnutzung und ihrer höhenstufenabhängigen Systeme etwas Neues im Himalaya und wird auch ein verläßlicher Ausgangspunkt für spätere Vergleiche sein.

Ursprünglich war diese Veröffentlichung als Teil II der Reihe „Beiträge der Sherpa-Forschung" innerhalb der Gesamtreihe „Khumbu Himal" vorgesehen. Leider gab es durch den beruflichen Werdegang des Autors eine vieljährige Verzögerung in der Fertigstellung, so daß dieser Band nun als fünfter und vorletzter Teil der genannten Reihe erscheint. Ausgeklammert blieben dabei Limbergs Untersuchungen über die Viehwirtschaft und ihre Formen, doch ist zu hoffen, daß auch diese Ergebnisse in absehbarer Zeit veröffentlicht werden.

Köln, im Juni 1982   Prof. Dr. Friedrich W. Funke

VORWORT DES VERFASSERS

Die vorliegende Arbeit ist das Ergebnis von zwei mehrmonatigen Forschungsreisen nach Ost-Nepal. Als Mitglied der völkerkundlichen Arbeitsgruppe des Forschungsunternehmens Nepal Himalaya unter der Leitung von Professor Dr. Friedrich W. Funke, Köln, weilte ich zunächst von März bis September 1965 im Siedlungsgebiet der Sherpa. Im August 1967 reiste ich im Auftrage der Arbeitsgemeinschaft für vergleichende Hochgebirgsforschung noch einmal für vier Monate nach Nepal, um die Ortsnamen für die beiden Südblätter des von Erwin Schneider aufgenommenen Nepal-Ost-Kartenwerkes zu erheben und dabei gleichzeitig meine eigenen kulturgeographischen Untersuchungen fortzusetzen.

Die Ausarbeitung erfolgte im wesentlichen in den Jahren 1968 bis 1972 neben meiner Assistententätigkeit am Geographischen Institut der Universität Mainz; sie mußte dann jedoch aus beruflichen Gründen für längere Zeit unterbrochen werden, so daß ich das Manuskript erst 1980 abschließen konnte.

Besonders danken möchte ich an dieser Stelle Herrn Professor Dr. Friedrich W. Funke, Köln, für die Möglichkeit zu dieser Arbeit und eine Fülle von Anregungen, Herrn Professor Dr. Helmut Heuberger, Salzburg, der mich von Anfang an beriet und ermunterte und die Betreuung der Arbeit bei deren Fertigstellung übernahm, Herrn Professor Dr. Karl Hermes, Regensburg, für die Unterstützung der Arbeit als Dissertation, Herrn Professor Diplom-Ingenieur Erwin Schneider, Lech, für die Anfertigung des Plans für meine Kartierungen im Bhandar-Panchayat (Beilagen 3 und 4), die Erstellung der Basiskarte von Solu-Khumbu im Maßstab 1 : 100.000 (Beilagen 1, 2 und 6) und für die Bereitstellung von Luftaufnahmen und Meßbildern sowie für zahlreiche wertvolle Hinweise. Dem leider früh verstorbenen Herrn Professor Dr. Walter Hellmich, der das Forschungsunternehmen Nepal Himalaya leitete, werde ich stets dankbar bleiben für seine fürsorgliche Hilfe bei der Organisation der Reisen. Stellvertretend für die vielen Helfer und Informanten in Nepal möchte ich hier meinen unermüdlichen Assistenten Sirdar Urkien Tsering Sherpa aus Khumjung, meine Dolmetscher Mr G. B. Kalikote und Mr M. R. Sherma aus Kathmandu und den Panchayat-Vorsteher von Bhandar, Herrn Upendra Prasad Ghimire, nennen. Ganz besonders danke ich der Fritz Thyssen Stiftung für die großzügige Finanzierung meiner beiden Nepal-Reisen, für die Gewährung von Stipendien und die Übernahme der Druckkosten.

Mainz, 1981   Walter Limberg

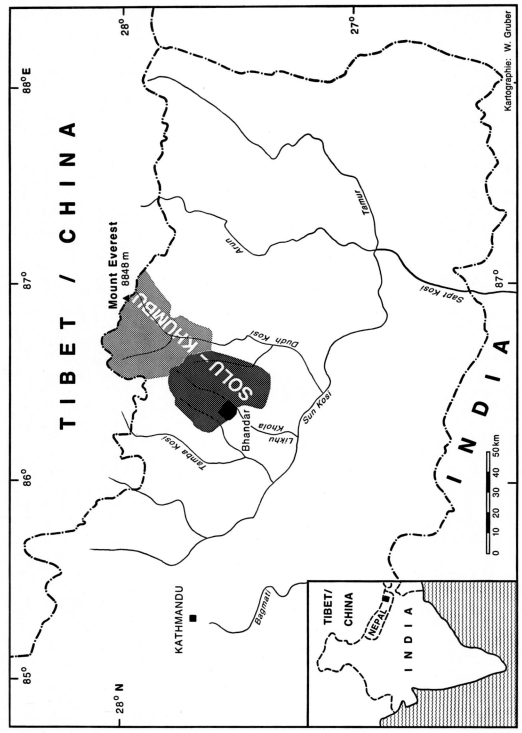

Abb. 1: Ost-Nepal — *East Nepal*

1. DAS UNTERSUCHUNGSGEBIET UND SEINE TERRITORIALE ENTWICKLUNG IM ÜBERBLICK

Solu-Khumbu ist der Sammelname für die Region *Solu* und die Talschaften *Pharak* und *Khumbu* auf der Südabdachung des höchsten Gebirgsteiles der Erde, der Mt.-Everest-Gruppe oder des Khumbu Himal. Es gilt als Kernsiedlungsraum der Sherpa, einer im 16. Jahrhundert aus dem östlichen Tibet eingewanderten Gruppe. Das Untersuchungsgebiet (Abb. 2) deckt sich mit ihrem Siedlungsbereich in Solu-Khumbu, an den die Stammesgebiete altnepalischer Gruppen (Rai, Sunwar; s. Kap. 2) anschließen.

Khumbu (Abb. 3) bildet eine allseits von hohen Gebirgsketten umschlossene, natürliche Landschaftseinheit. Die nördliche Umrahmung wird von der Himalaya-Hauptkette gebildet, über welche die nepalische Staatsgrenze gegen Tibet verläuft und die nur in dem 5716 m hohen, vergletscherten Nangpa-Paß überschritten werden kann. Eine von dem Hauptkamm abzweigende Nebenkette mit Gipfelhöhen zwischen sechs- und siebentausend Metern schirmt Khumbu im Süden ab. In einer engen Schlucht zwischen dem Tramserku (6608 m) und dem Kongde Ri (6186 m) öffnet der von den Gletschern Khumbus gespeiste Dudh Kosi (Milchfluß) den Weg nach Süden. Dort schließt sich zu beiden Seiten des von schmalen Hangverflachungen begleiteten Flusses die Talschaft *Pharak* an (Abb. 4). Doch schon nach etwa fünfzehn Kilometern verengt sich das Tal zwischen dem Shamonamrakpa (3980 m) und dem Tsetharwala (4690 m) zu einer gewaltigen Schlucht, die auf einem bis zu 1500 m oberhalb der Talsohle verlaufenden Fußsteig umgangen wird und die Südgrenze Pharaks bildet.

Seit der Öffnung Nepals um etwa 1950 war Khumbu das Ziel zahlreicher bergsteigerischer und wissenschaftlicher Expeditionen, darunter auch der Arbeitsgruppen des Forschungsunternehmens Nepal Himalaya. Es ist dadurch zu einem der bekanntesten Gebiete Nepals geworden. Zugleich haben sich seine Bewohner, die Sherpa von Khumbu und auch die von Pharak, einen weltweiten Ruf als zuverlässige Expeditionshelfer und ausdauernde Hochgebirgsträger erworben.

Khumbu stellt jedoch, ebenso wie Pharak, nur einen Randbereich des Sherpa-Siedlungsraumes dar. Das Hauptgebiet befindet sich weiter südwestlich in *Solu*, wobei die Dauersiedlungen bereits im Vorderhimalaya liegen. In Solu sind allein 81% der rund 15.000 Sherpa Solu-Khumbus ansässig, gegenüber nur 11% in Khumbu und 8% in Pharak.

In fast allen bisherigen Publikationen über diesen Raum wird dagegen immer wieder Khumbu als „Kerngebiet" oder „Heimat" der Sherpa bezeichnet. Aufgrund der Ergebnisse unserer demographischen Erhebungen kann davon jedoch keine Rede sein, es sei denn, man versteht unter *Sherpa* nicht mehr die ethnische Zugehörigkeit, sondern nur noch das Synonym für Hochgebirgsträger. Die Expeditions-Sherpa werden tatsächlich fast ausschließlich in Khumbu und Pharak angeheuert, wo die Landwirtschaft als Lebensgrundlage allein nicht ausreicht und die Bevölkerung nach dem weitgehenden Ausfall des Tibethandels auf diese neue Erwerbsquelle dringend angewiesen ist. Die Sherpa von Solu sind dagegen durchweg wohlhabende Ackerbauern und Viehzüchter, die sich niemals als Lasten-

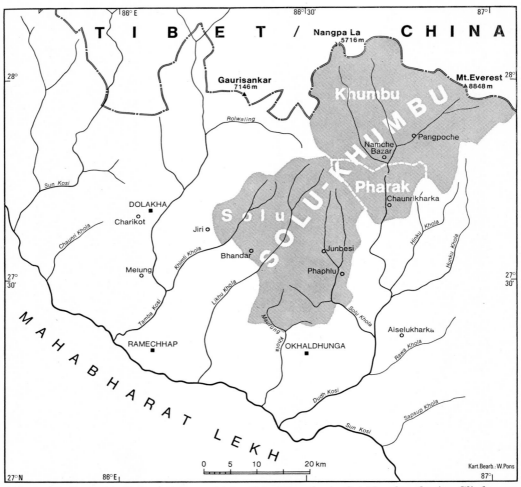

Abb. 2: Die Lage des Untersuchungsgebietes Solu-Khumbu in Ost-Nepal und seine Gliederung in die drei Teillandschaften Solu, Pharak und Khumbu.
Location of Solu-Khumbu in East Nepal.

▶

Abb. 3: Die Sherpa-Dörfer Kunde (links) und Khumjung in Khumbu. Im Hintergrund die Gipfel von Amai Dablang (6856 m, rechts), Lhotse (8501 m, Mitte) und Mount Everest (8848 m, links).
Sherpa villages Kunde (left) and Khumjung in Khumbu.   Photo: E. Schneider

Abb. 4: Blick über die Talschaft Pharak von südlich Luklha (im Vordergrund rechts) nach Norden in Richtung Khumbu und Himalaya-Hauptkette. Die Siedlungen auf den Hangver-flachungen zu beiden Seiten des Dudh Kosi liegen zwischen 2500 und 2800 m Meereshöhe. *View across Pharak from south of Luklha towards Khumbu.* Photo: E. Schneider

---

►

Abb. 5: Tal des Solu Khola (Shorong) oberhalb Salleri. Im Hintergrund der Khumbu Himal mit dem Mount Everest (rechts) und dem Numbur-Karyolung (Mitte), dazwischen das Tal des Dudh Kosi mit Pharak. Der zunächst noch glazial überformte Südabfall der Numbur-Karyolung-Gruppe geht etwa im Bereich der Waldgrenze (um 3700 m) in die breiten, sanfter geformten Bergrücken des Vorderhimalaya über, die sich bis zur Südgrenze Solus auf rund 3000 m abdachen. Der Solu Khola hat sich weniger als der Dudh Kosi eingetieft. Seine Talsohle liegt am unteren Bildrand noch 2000 m ü. M. Nach Süden wird das Einzugsgebiet des Solu Khola, zu dem auch das im Bild nicht erfaßte Seitental des Shisha Khola gehört, durch den bis zu 3150 m hohen Rücken von Thade (Thade Danda) abgegrenzt. Hier biegt der Fluß nach Südosten ab und fließt in einer Schlucht dem Dudh Kosi zu.
Solu Khola valley (Shorong) from above Salleri. Luftbild/air photo: E. Schneider

träger verdingen würden. Das wird jeder bestätigen können, der einmal versucht hat, in einem reinen Sherpa-Dorf in Solu eine Trägerkolonne anzuwerben.

Der Name *Solu* ist wahrscheinlich eine nepalische Verballhornung der Sherpa-Bezeichnung *Shorong* oder *Sholung* (OPPITZ, 1968, 51). So nennen die Sherpa ihr Siedlungsgebiet im Tal des Solu Khola (Abb. 5), der am Numbur-Massiv entspringt und zunächst in südlicher Richtung parallel zum Dudh Kosi fließt. Bei Salme biegt er nach Südosten ab und mündet bei Bidesi, bereits im Siedlungsgebiet der Rai, in den Dudh Kosi. Gegen Ende des 18. Jahrhunderts, nach der Angliederung Ost-Nepals an das Gurkha-Reich (s. S. 34 f.), wurde der Name auf den neugeschaffenen, weit über das Solu-Tal hinaus nach Westen reichenden Verwaltungsbezirk

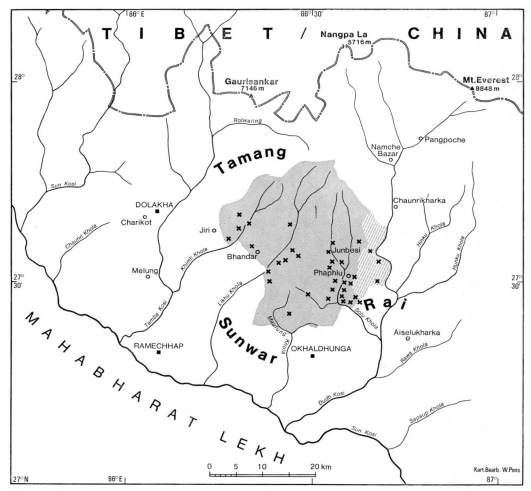

Abb. 6: Der Steuerbezirk Solu im Jahre 1853. Die Kreuzchen markieren die in dem Regierungserlaß von 1853 (Anhang 2) genannten Orte. Das *kipaṭ*-Gebiet der Rai von Phuleli, Kali und Kanku ist durch einen helleren Raster abgehoben.
Solu tax district of 1853.

Abb. 7: Likhu-Tal nach Süden, über Choarma aufgenommen. Blick über die gesamte Breite des Vorderhimalaya bis hin zum 70 km entfernten Randgebirge der Mahabharat Lekh. Das Luftbild vermittelt einen typischen Eindruck von der Gliederung des Vorderhimalaya in Ost-Nepal. Der Likhu Khola gehört, wie der Dudh Kosi im Osten und der Tamba Kosi im Westen, zu den großen Himalaya-Querflüssen des Sapt Kosi-Systems, die den Südabfall des Gebirges in eine Folge langgestreckter Höhenzüge und Talkammern gliedern. Die Gipfelhöhen der Bergrücken liegen im nördlichen Abschnitt noch über 3000 m, weiter südlich zwischen 3000 und 2000 m ü. M. Die Talsohle des Likhu Khola fällt von 2200 m im Vordergrund bis auf ca. 500 m bei der Einmündung in den Sun Kosi. Typisch ist auch das Querprofil: die weiten und oft nur mäßig steilen oberen Talhänge brechen einige hundert Meter oberhalb des Talbodens zu engen Kerbtälern ab, die nur wenig Platz für eine ackerbauliche Nutzung und die Anlage von Siedlungen lassen. — Am rechten Talhang liegen die beiden Sherpa-Dörfer Kyama und Gumdel. Weiter südlich ist der Kessel von Bhandar zu sehen.

Likhu Khola valley from above Choarma to the south.　　　　　Luftbild/air photo: E. Schneider

23

Abb. 8: Oberes Khimti-Tal mit den Seitentälern von Yelung und Pumpa. Im Hintergrund die
Kette des Hochhimalaya, überragt vom Gauri Sankar (7145 m). Der Khimti Khola ist ein
linker Nebenfluß des Tamba Kosi. Die junge, vom Hauptfluß her rückschreitende Erosion
ist hier im Oberlauf noch nicht voll wirksam geworden. Der Talboden liegt 1900 bis 2000 m ü. M.
Der jenseitige Bergrücken erreicht im Chordung eine Höhe von 3690 m. Über ihn verläuft die
Westgrenze Solus.
Upper Khimti Khola valley.   Photo: E. Schneider

(*jillā*) Solu übertragen (Abb. 6). Der Bezirk Solu umfaßte alle Gebiete, welche
die Sherpa seit ihrer Einwanderung im 16. Jahrhundert nach und nach an der
Südabdachung des Gebirges von den autochthonen Rai und Sunwar käuflich erworben hatten. Dazu gehörten nicht nur das obere und mittlere Tal des Solu Khola,
sondern auch die Einzugsgebiete des Maulung Khola oberhalb Lispu, des Likhu
Khola oberhalb Dolu und Puna (Abb. 7) und des Khimti Khola oberhalb Those
(Abb. 8). Alles Land innerhalb dieser Grenzen, ob kultiviert oder unkultiviert
und einschließlich der Wälder und alpinen Matten, wurde als uneingeschränktes
Eigentum (*kipaṭ*) der verschiedenen Clangemeinschaften anerkannt. Jedes Clanterritorium bildete einen selbständigen Steuerbezirk (*pargannā*).

In einem Regierungserlaß (*lāl mohar*)[1] aus dem Jahre 1853 an die Bewohner von Solu sind die Landkäufe der Sherpa ausdrücklich erwähnt und fünfunddreißig Steuerbezirke namentlich aufgeführt (Anhang 2). Trotz der inzwischen erfolgten Ablösung des *kipaṭ*-Systems und der jüngsten Verwaltungsneugliederung nach dem Panchayat-System sind diese alten *pargannā* bis heute als Steuerbezirke in Funktion und konnten von mir kartiert werden (Beilage 2).

Nur an einer Stelle reicht der alte Bezirk Solu über das Sherpa-Gebiet hinaus. Die am Westhang des Dudh Kosi gelegenen Steuerbezirke Phuleli, Khali und Kanku waren bereits *kipaṭ* der Rai und gehören daher nicht mehr zum Untersuchungsgebiet (s. Abb. 6).

Im Jahre 1886 wurde Solu zweigeteilt (Abb. 9). Das Gebiet westlich des Likhu Khola kam zum Distrikt *East No. 2* (*Ramechhap*), das Gebiet östlich davon zum Distrikt *East No. 3* (*Okhaldhunga*). Die beiden Teile bildeten unter dem Namen *Solu* (*East No. 2*) bzw. *Solu Namche Bazar* (*East No. 3*) eigene Unterbezirke (*thum*). Zu letzterem kamen nun auch Khumbu und Pharak.

---

[1] Wörtl.: „Rotes Siegel" = ein mit dem roten Siegel des Königs versehener Regierungs-erlaß.

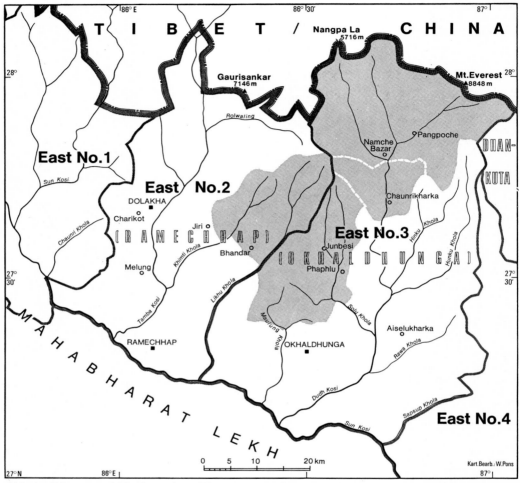

Abb. 9: Die erste Aufteilung Solu-Khumbus im Zuge der Verwaltungsgliederung von 1886. *First partition of Solu-Khumbu in 1886.*

Die einheimische Bevölkerung versteht unter Solu noch heute das Gebiet in den Grenzen des ursprünglichen Bezirks Solu. Wenn Pharak und Khumbu eingeschlossen werden sollen, so spricht man von *Solu-Khumbu.* Ich schließe mich diesem Sprachgebrauch an. *Solu-Khumbu* darf aber nicht verwechselt werden mit dem erst im Jahre 1960 im Zuge einer zweiten Verwaltungsneugliederung geschaffenen Distrikt-Panchayat *Solukhumbu,* das sich zum Teil mit Solu Namche Bazar (East No. 3) deckt, aber im Südosten weit über das Untersuchungsgebiet hinausreicht (Abb. 10).

Durch die neue Panchayat-Gliederung wurden die alten Stammesgebiete endgültig zerschlagen. Die Grenzen folgen nun meist natürlichen Leitlinien wie Wasserläufen und Bergrücken.

Das Untersuchungsgebiet hat Anteil an den vier Distrikt-Panchayaten (*jillā*

26

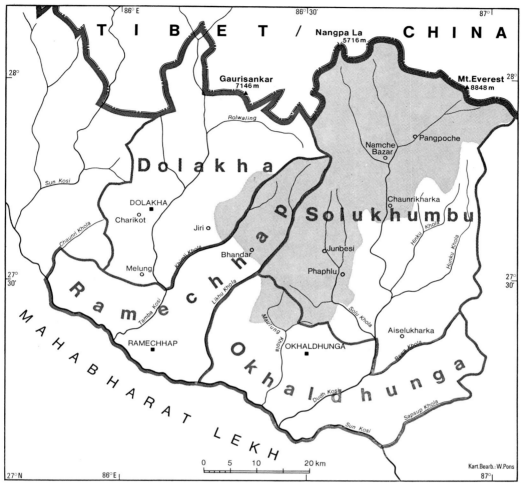

Abb. 10: Die zweite Aufteilung Solu-Khumbus im Zuge der Verwaltungsneugliederung von 1961. *Second partition of Solu-Khumbu in 1961.*

pancāyat) Solukhumbu, Okhaldhunga, Ramechhap und Dolakha. Solukhumbu (Verwaltungssitz Salleri bei Phaphlu) und Okhaldhunga gehören zur Sagarmatha-Zone[2], Ramechhap und Dolakha (Verwaltungssitz Charikot) zur Janakpur-Zone.

Die Distrikt-Panchayate sind untergliedert in Gemeinde-Panchayate (*gā̃u pancāyat*)[3], die heute die kleinsten Verwaltungseinheiten darstellen. Auf das Distrikt-Panchayat Solukhumbu entfallen im Untersuchungsgebiet die Gemeinde-Pan-

---

[2] *Sagarmatha* = nepalisch-indischer Kunstname für den Mt. Everest (VIDYALANKAR 1959).

[3] *gā̃u pancāyat* wird in amtlichen englischsprachigen Publikationen mit „village panchayat" = „Dorf-Panchayat" übersetzt. Ich ziehe „Gemeinde-Panchayat" oder einfach „Gemeinde" vor, da bei dem vorherrschenden Streusiedlungscharakter jedes *gā̃u pancāyat* eine größere Zahl von lockeren Gruppen- und Einzelsiedlungen umfaßt.

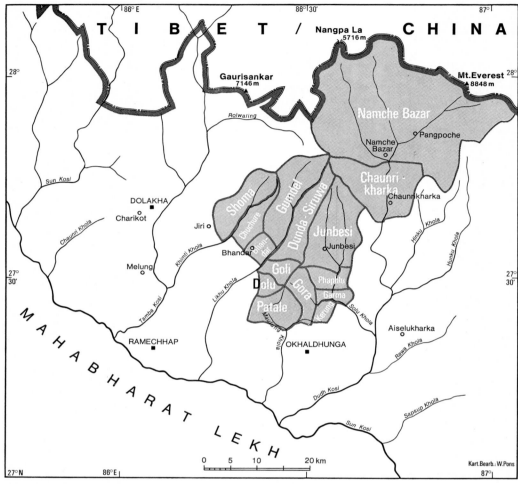

Abb. 11: Die Gemeinde-Panchayate im Untersuchungsgebiet Solu-Khumbu.
Village panchayats in Solu-Khumbu.

chayate Namche Bazar (= Khumbu), Chaunrikharka (= Pharak), im Einzugsgebiet des Solu Khola Junbesi, Phaphlu, Garma, Gora und Kerung, am Osthang
des Likhu Khola Dunda-Siruwa und Goli. Das Sherpa-Gebiet am oberen Maulung
Khola gehört als Patale-Panchayat zum Distrikt-Panchayat Okhaldhunga, ebenso
das Gebiet um Rawa (Osthang des Likhu Khola südlich Goli). Dieses bildet zusammen mit dem außerhalb des Untersuchungsgebietes gelegenen Dolu ein eigenes
Gemeinde-Panchayat. Der zwischen Likhu Khola und Khimti Khola gelegene
Teil Solus entfällt mit den Gemeinden Gumdel, Bhandar und Chuchure auf das
Distrikt-Panchayat Ramechhap. Auf der Westseite des Khimti Khola liegt schließ-
lich noch das Gemeinde-Panchayat Shoma, das zu Dolakha gehört.

Die Distriktsverwaltungen konnten mir nur sehr grobe, handgezeichnete Über-
sichten der Panchayat-Grenzen zur Verfügung stellen. Nicht einmal die Namen

der Gemeinde-Panchayate waren amtlich fixiert. Jeder neue Panchayat-Vorsteher scheint bestrebt zu sein, den Namen seines Wohnsitzes auf die gesamte Gemeinde zu übertragen. So sind allein zwischen 1965 und 1967 folgende Umbenennungen erfolgt:

1965	1967
Beni	Junbesi
Salleri	Phaphlu
Solnasa	Gora
Lumbu-Sotarmu	Bhandar
Garjang	Chuchure

Auch die Gemeinde-Panchayate wurden völlig neu und schematisch festgelegt (Abb. 11). Ohne Rücksicht auf die überkommenen Abgrenzungen hat man jeweils mehrere Siedlungen mit einer Gesamteinwohnerzahl zwischen 1000 und 4000 zu einem Gemeinde-Panchayat zusammengefaßt. Nur Namche Bazar und Chaunrikharka entsprechen noch den früheren *pargannā* Khumbu bzw. Pharak.

2. DIE ETHNO-SOZIALEN GRUPPEN UND IHRE VERBREITUNG

Solu-Khumbu hatte im Jahre 1965 rund 32.000 Einwohner. Davon lebten ca. 1700 in Khumbu, 1300 in Pharak und 29.000 in Solu. Die Sherpa, die bis zur Angliederung Ost-Nepals an das Gurkha-Reich (s. S. 34f.) in den siebziger Jahren des 18. Jahrhunderts die alleinigen Bewohner von Solu-Khumbu waren (OPPITZ, 1968), stellen heute nur noch rund 42% der Gesamtbevölkerung. Der Rest setzt sich aus einer Vielzahl von ethnischen und sozialen Gruppen zusammen, die erst später, vornehmlich von Zentral-Nepal her, zugewandert sind. Die verschiedenen Bevölkerungselemente lassen sich zu folgenden Gruppen zusammenfassen:

1. Tibetonepalische Gruppen: *Sherpa, Khamba, Tibeter*
2. Indonepalische Gruppen:
   a) *Chetri, Brahmin (Bahun)*
   b) Unberührbare Handwerkerkasten: *Kami* (Schmiede), *Damai* (Schneider), *Sarki* (Abdecker, Gerber, Lederverarbeiter)
3. Frühere Sklaven *(Bhujel, Gharti)* und *Yemba*
4. Altnepalische Stammesgruppen
   a) Zuwanderer von Westen: *Tamang, Magar, Newar, Gurung*
   b) Autochthone Gruppen: *Rai, Sunwar*

Die Bevölkerungszusammensetzung in den einzelnen Gemeinde-Panchayaten ist der nachfolgenden Tabelle zu entnehmen. Eine detailliertere, nach Wohnplätzen aufgegliederte Zusammenstellung befindet sich in Anhang 1. Auf dieser Grundlage beruht die Karte „Verteilung der Bevölkerungsgruppen in Solu-Khumbu" (Beilage 1).

2.1. Sherpa, Khamba, Tibeter

Die Sherpa sind ein Teil jener tibetischen Volksgruppen, die entlang dem gesamten Himalaya südlich der tibeto-chinesischen Staatsgrenze leben. Im westlichen Flügel des Himalaya bleiben die Siedlungsgebiete dieser Gruppen gewöhnlich auf die inneren Hochtäler beschränkt, die in ihrer Naturausstattung praktisch eine Fortsetzung des tibetischen Hochlands sind. Östlich Kathmandu greifen sie dagegen auch auf die höheren Lagen der feuchten Südabdachung über.

Von ihren indischen Nachbarn im Süden werden die Angehörigen der tibetischen Volksgruppen unterschiedslos als *Bhotiya* oder *Bhote* (= Tibeter) bezeichnet. In der Tat sind sie kaum von den Bewohnern Tibets zu unterscheiden. Sie sprechen tibetische Dialekte, tragen vielfach noch die typische tibetische Wollkleidung (Abb. 12, 13) und gehören dem lamaistischen Zweig des Buddhismus an. Überhaupt standen sie alle bis zur endgültigen Besetzung Tibets durch die Chinesen

TABELLE/TABLE 1: Die ethno-soziale Gliederung der Bevölkerung von Solu-Khumbu / Ethnic groups in Solu-Khumbu

Gemeinde- Village Panchayat	Sherpa	Khamba Tibeter	Chetri	Bahun	Kami	Damai	Gharti Bhujel	Yemba	Tamang	Magar	Newar	Gurung	Rai (R) Sunwar (S)	Gesamt Total
KHUMBU:														
Namche Bazar	1057	603	—	—	21	—	—	—	—	—	—	—	—	1681
PHARAK:														
Chaurikharka	1063	217	—	—	35	—	—	—	—	—	—	—	—	1315
SOLU-Ost/East:														
Dunda-Siruwa	428	—	1251	11	281	5	194	155	111	20	36	12	37 (S)	2541
Garma	1026	—	234	—	118	—	94	—	51	27	266	—	7 (R)	1823
Goli	825	76	990	44	70	29	130	79	87	10	4	5	91 (S)	2440
Gora	1146	—	55	—	167	—	9	9	517	744	46	—	—	2693
Junbesi	1745	23	1	—	104	—	16	18	42	68	26	—	—	2043
Kerung	499	—	131	—	21	8	11	5	353	848	44	97	—	2017
Patale	1477	9	280	16	141	15	95	—	238	156	39	119	—	2585
Phaphlu	1742	634	56	8	224	14	7	—	555	11	337	4	—	3592
SOLU-West:														
Bhandar	643	20	1212	18	261	117	158	123	32	12	31	3	—	2630
Chuchure	400	—	900	20	100	—	50	50	120	—	140	—	—	1780
Gumdel	700	—	600	—	80	—	50	50	27	—	—	—	—	1507
Shoma	815	—	1500	230	125	130	25	725	60	—	20	50	10 (R) 45 (S)	3735
Gesamt/Total:	13566	1582	7210	347	1748	318	839	1214	2193	1896	989	290	17 (R) 173 (S)	32382

Quellen: Siehe Anhang 1.
Sources: See appendix 1.

31

Abb. 12: Sherpa auf dem Wochenmarkt in Namche Bazar in der traditionellen tibetischen
Wollkleidung.   Photo: U. Limberg, 11. Nov. 1967
Sherpa in Namche Bazar.

im Jahre 1959 im engsten kulturellen, religiösen und wirtschaftlichen Kontakt
mit ihrem einstigen Mutterland. Im Handel nahmen sie die Mittlerrolle zwischen
dem tibetischen Hochland und dem Vorderhimalaya, fallweise sogar Indien, ein.

Die Einwanderungsgeschichte der Sherpa wurde bereits von OPPITZ (1968) dargestellt. Hier seien nur noch einmal die wichtigsten Fakten in wenigen Sätzen
zusammengefaßt: Die Heimat der Sherpa ist die Region *Kham* in Ost-Tibet. Von
dort gelangten einige wenige Familien nach einer langen Wanderung um das Jahr
1533 n. Chr. nach Khumbu. Von Khumbu stießen sie bald weiter nach Pharak
und Solu vor. In Solu ließen sich die ersten Sherpa am Oberlauf des Solu Khola
in der Umgebung des heutigen Junbesi nieder. Im Laufe der Generationen breite-
ten sich ihre unmittelbaren Nachfahren weiter nach Süden und Westen aus, indem sie neue Areale am Mittellauf des Solu Khola sowie an den Oberläufen von
Maulung Khola, Likhu Khola und Khimti Khola erwarben.

In den durch tiefe unwegsame Schluchten nach Süden abgeschlossenen Talschaften Khumbu und Pharak waren die Sherpa die ersten Siedler. In Solu be-
traten sie dagegen die Stammesterritorien der Rai und Sunwar. Die Einzugsgebiete von Solu Khola und Maulung Khola wurden von den Rai und die Oberläufe
von Likhu Khola und Khimti Khola von den Sunwar beansprucht. Da diese jedoch
als Siedlungsraum die mittleren Höhenlagen bis maximal 2300 m bevorzugen

32

Abb. 13: Jungen und Männer aus dem Sherpa-Dorf Ledingma (Loding). Im Gegensatz zu den Sherpa-Frauen tragen die Männer in Solu — außer bei festlichen Anlässen — gewöhnlich Kleider im nepalischen Stil. In Khumbu setzt sich bei den jungen Männern unter dem Einfluß der Expeditionen und des Trekking-Tourismus europäische Kleidung immer stärker durch.
Boys and men in the Sherpa village Ledingma (Loding).   Photo: W. Limberg, 14. Mai 1965

und damals in den südlicheren Talabschnitten über genügend Landreserven verfügten, hatten sie die nördlichen, höher gelegenen Teile des Vorderhimalaya noch nicht besiedelt. Sie veräußerten sie daher nach und nach an die Sherpa, die wiederum in ihren Lebens- und Wirtschaftsformen von Haus aus gerade auf die kühleren Hochlagen eingestellt waren.

Die Erweiterung des Sherpa-Siedlungsraumes kam zum Stillstand, als Ost-Nepal in den 1770er Jahren an das Gurkha-Reich angeschlossen (siehe S. 34f.) und in festumrissene Verwaltungseinheiten gegliedert wurde. In der Folgezeit fand im wesentlichen nur eine Siedlungsverdichtung statt. Es entstanden zwar noch einige Sherpa-Siedlungen außerhalb Solus, insbesondere auf Rai-Territorium an den Hängen des Dudh Kosi (z. B. Kharikhola, Pangkongma, Jube), aber die Abwanderer konnten nun nirgendwo mehr größere zusammenhängenden Landareale erwerben.

Der Name *Sherpa* umfaßt in seinem engeren Sinne nur die direkten Nachkommen der ersten Einwanderer aus Tibet. Zu den Sherpa im weiteren Sinne zählen auch die späteren tibetischen Zuwanderer. Sie sind fast ausschließlich auf Khumbu und Pharak beschränkt und haben sich dort mit den Sherpa weitgehend vermischt.

In Khumbu übersteigt ihre Zahl sogar die der „echten" Sherpa. Soweit ihre Einwanderung schon mehrere Generationen zurückliegt, haben sie eigene Sippennamen. Ansonsten werden sie unterschiedslos als *Khamba* bezeichnet. Die Khamba sind ursprünglich zumeist als Kaufleute nach Khumbu gekommen. Namche Bazar war ein wichtiger Umschlagplatz im Nepal-Tibet-Handel und Endstation sowohl der nepalischen als auch der tibetischen Händler (s. Anhang 2). Mit der Eröffnung einer Niederlassung in Namche Bazar war das ausschließliche Privileg verbunden, Handelsbeziehungen in *beiden* Richtungen zu unterhalten. Viele Khamba haben Ländereien in den Khumbu-Dörfern oder auch in Pharak erworben. Insgesamt stellen sie jedoch den landärmeren Teil der Bevölkerung dar und sind von dem weitgehenden Ausfall des Tibethandels seit 1959 besonders hart betroffen. Daher sind es auch weniger die „echten" Sherpa, sondern Khamba, welche sich heute als Expeditions-Sherpa betätigen.

Nach Fürer-Haimendorf (1959 und 1964) hat die Kartoffel-Innovation nach der Mitte des 19. Jahrhunderts den Zuzug von Khambas wesentlich begünstigt. Während die Sherpa-Gesellschaft diese mehr oder weniger einzeln einsickernden Zuwanderer mühelos integrierte, traten die tibetischen Flüchtlinge von und seit 1959 schlagartig in Gruppen auf, die sich zumindest nicht so ohne weiteres einfügen ließen. Ein Großteil wurde hier im Flüchtlingslager Chalsa (Solu) aufgefangen. In den Dörfern hielten sich nur wenige dieser Flüchtlinge. Sie werden hier als *Tibeter* bezeichnet.

Der prominenteste Tibet-Flüchtling ist Thulshik Rimboche, der frühere Abt des Klosters Rongphu auf der Nordseite des Mt. Everest. Ihm und einigen seiner Mönche stellte der Sherpa-Clan der Gobarma oberhalb von Phukmoche Grund zur Verfügung, auf dem diese als Asyl das Kloster Sengephuk errichteten.

2.2. Chetri und Brahmin (Bahun)

Die nach den Sherpa zahlenmäßig stärkste und auch einflußreichste Bevölkerungsgruppe in Solu-Khumbu sind die *Chetri* (Abb. 14). Sie konzentrieren sich vornehmlich an den unteren Hängen des Likhu-Tals, sind aber auch in allen anderen unterhalb etwa 2100 m gelegenen Gebieten vertreten. In den Gemeinden Bhandar, Gumdel, Dunda-Siruwa, Goli und Chuchure stellen sie jeweils rund die Hälfte der Gesamtbevölkerung.

Die Chetri leiten sich selbst von den Kshatriya (Kriegerkaste) her (Fürer-Haimendorf 1966, 20) und sind nach den Brahmin (Priesterkaste) die privilegierteste Hindu-Kaste. In ethnischer Hinsicht sind sie recht heterogen. A. Höfer (1979, 43 f.) sagt dazu: „. . . the Chetri might be descended from the old-established Khas or from intermarriages between Brahmin immigrants and Khas women. The Khas are regarded as a group who separated themselves from the main stream of Indo-Aryan immigrants to India and penetrated into Kumaon, Garwhal and Western Nepal in the second millenium B. C."

Die Chetri wurden zu Begründern des Königreiches Nepal („Gurkha-Reich") in seiner heutigen Form (Regmi 1961, 92—99). Um die Mitte des 18. Jahrhunderts

Abb. 14: Der Chetri Harka Bahadur Karki aus Bamti, einer meiner wichtigsten Informanten im Bhandar-Gebiet.
Chetri from Bamti.   Photo: W. Limberg, 29. Sept. 1967

erfolgte die Einigung ihrer verschiedenen kleinen Fürstentümer im westlichen Nepal unter Führung des späteren Königs über Nepal Pritvi Narayan aus dem Städtchen Gurkha (Gorkha). Auf den nachfolgenden Eroberungszügen brachten die „Gurkha" zunächst das fruchtbare und reiche intramontane Kathmandu-Becken mit seinen drei Stadtkönigtümern Kathmandu, Patan und Bhaktapur unter ihre Gewalt (1768/69) und übernahmen weitgehend die hochentwickelte Kultur der dort ansässigen Newar. In den Jahren 1772/73 dehnten sie ihr Herrschaftsgebiet in einem west-östlich verlaufenden Riegel zwischen Tibet und der Ebene Nordindiens bis nach Sikkim hin aus, ohne auf nennenswerten Widerstand der autochthonen, in lockeren Stammesverbänden organisierten Volksgruppen der Sunwar, Rai und Limbu sowie der aus Tibet eingewanderten Sherpa von Solu-Khumbu zu stoßen. Seitdem sind die Chetri die staatstragende Schicht in Nepal. Ihre indo-arische Sprache, das heutige *Nepali*, wurde zur Amts- und Verkehrssprache und der Hinduismus zur Staatsreligion.

Meine genealogischen Nachforschungen bei den Chetri im oberen Likhu-Tal haben immer wieder ergeben, daß sie sich fast alle von Vorfahren herleiten, die sich vor sechs bis acht Generationen dort niedergelassen haben. Infolge ihrer außerordentlich starken natürlichen Zunahme — Polygynie mit zwei bis drei Frauen ist auch heute trotz des offiziellen Verbots durchaus nicht selten — haben sie inzwischen die autochthone Bevölkerung vielerorts an Zahl übertroffen.

Im oberen Likhu-Tal, wo ich die Siedlungsgeschichte der Chetri näher untersuchte (Kapitel 4.3), wurden praktisch alle Hänge bis zu einer Höhe von rund 2000 m von Chetri-Zuwanderern besetzt. Die heute dort ansässigen rund 4000 Chetri stammen fast ausnahmslos von ihnen ab. Die einzelnen Siedlungsverbände sind weitgehend reine Clan-Siedlungen, deren Bewohner sich jeweils in der männlichen Linie auf den Siedlungsgründer anhand ihrer schriftlich überlieferten und von Generation zu Generation fortgeschriebenen Stammbäume zurückverfolgen lassen.

In Abb. 24 (S. 76) ist der Stammbaum der Karki-Chetri von Bamti, ausgehend von Jodhan Karki, dem Ortsgründer von Bamti, wiedergegeben. Das mir vorgelegte Original des Stammbaums enthält noch einen Vorspann, der Auskunft über die weiter zurückliegenden Vorfahren der Karki-Sippe gibt und ihr allmähliches Westwärtswandern entlang der Südabdachung des Himalaya beschreibt. Dort heißt es:

„Deb Singh und Toal Singh sind die Vorfahren der Karki-Chetri. Sie verließen ihren Heimatort Kila Kangara in Indien und kamen nach Batri Srinagar. Ihre Nachkommen wanderten weiter nach Kumaon Ghat, dann nach Dailekh [West-Nepal], dann nach Dorti, dann nach Karkikot, dann nach Nuwakot [West No. 4], dann nach Nepalthali [Kathmandu-Tal], dann nach Bamakot [bei Dolakha], dann nach Dolakha, dann nach Namdu, dann nach Kabre. Von Kabre kam Devi Singh nach Betali [Khimti-Tal]. Devi Singhs Enkel Jai Raj hatte fünf Söhne. Sein vierter Sohn war Jodhan. Jodhan ging nach Bamti.“

Die nach West-Solu zugewanderten Chetri müssen über einen beträchtlichen Reichtum verfügt haben, denn sie brachten neben großen Rinder- und Wasserbüffelherden auch Sklaven sowie Schmiede- und Schneider-Familien mit. Jodhan Karki erwarb z. B. nicht nur die gesamte Ortsflur des heutigen Bamti von dem Sherpa-Clan der Sangba-Lama, sondern auch ein ausgedehntes Sommerweidegebiet am Südhang des Ekangnagi (3070 m) von den Sunwar aus Kunbu-Kansthali und Winterweiden bei Gumdel von dem Sherpa-Clan der Trakto von Sagar-Baganje. Der hohe Geburtenüberschuß führte jedoch zu einer von Generation zu Generation zunehmenden Landbesitzzersplitterung. So sind heute manche Chetri-Familien verarmt; andere konnten ihren Wohlstand bewahren, indem sie immer neues Land in ihren Besitz brachten.

Im Zusammenhang mit den Chetri sind die *Brahmin* (nep. *Bahun*) zu erwähnen. Ihre Zahl ist gering. Sie leben vereinzelt inmitten der Chetri und üben zumeist priesterliche Funktionen aus. Auch als Köche bei großen Festessen sind sie gefragt. Einige haben es besonders durch Landschenkungen seitens der Chetri zu eigenem Besitz gebracht und sind nur noch landwirtschaftlich tätig.

2.3. Handwerkerkasten

Die laut mündlicher Überlieferung zusammen mit den Chetri eingewanderten *Kami* (Schmiede) und *Damai* (Schneider, Musikanten) gehören der niedersten Hindu-Kaste, den Unberührbaren (*pohoni*), an. Sie sind heute, da ihre Dienstleistungen auch von den Sherpa beansprucht werden, über ganz Solu-Khumbu verbreitet und stellen wichtige, wenn auch sozial tiefstehende Mitglieder der einzelnen Siedlungsgemeinschaften dar. Sie leben in ärmlichen Behausungen am Rande auf einem kleinen Stück Land, das ihnen aus der Allmende zugewiesen wurde (Abb. 15). Zu jedem größeren Siedlungsverband gehören zumindest ein oder zwei

Abb. 15: Kami-Hütte im Likhu-Tal bei Siruwa. Links die Schmiedewerkstatt, davor Holzvorräte zur Herstellung von Holzkohle.
Kami dwelling near Siruwa.   Photo: W. Limberg, 11. April 1965

Kami-Familien, die vornehmlich ihrem Schmiedehandwerk nachgehen. Mancherorts hat ihre Zahl im Laufe der Generationen so stark zugenommen, daß nicht mehr alle genügend Arbeit in ihrem ererbten Beruf finden, nur ihre winzige Ackerparzelle bewirtschaften und sich darüberhinaus als Tagelöhner oder Lastenträger verdingen (Abb. 16). Größere Kami-Siedlungen gibt es in der Nähe der früheren Eisen- und Kupfergruben (s. S. 43). Ihre Bewohner waren für die Verhüttung

Abb. 16: Ein Kami (rechts) und zwei Tamang aus dem Goli-Panchayat, als Träger im Auftrag eines Sherpa-Händlers unterwegs nach Namche Bazar in Khumbu. Die Ladungen, je 30 kg Chilli, sind für Tibet bestimmt. Jeder Träger erhält für den sechs bis sieben Tage weiten Marsch (eine Richtung) 30 Rupien (damals 15 DM).
Kami and Tamang porters. Photo: W. Limberg, 13. April 1965

der Erze zuständig und wurden ebenso wie die noch zu erwähnenden Tamang- und Magar-Bergleute von dem Niedergang des lokalen Bergbaus hart getroffen. Insgesamt leben in Solu-Khumbu ca. 1700 Kami und 300 Damai. Ihr Anteil an der Gesamtbevölkerung beträgt rund 6%.

Jeder Schmied hat seinen festen Kundenkreis, für den er alle Reparaturen an landwirtschaftlichen Arbeitsgeräten und an Haushaltsgegenständen aus Metall ausführt. Von jedem Kunden erhält er ein jährliches Naturalentgelt in Form von Mais, je nach dem Umfang der durchschnittlich anfallenden Arbeiten zwischen 20 und 50 kg. Neuanfertigungen müssen gesondert in bar bezahlt werden. Das Rohmaterial wird in der Regel vom Auftraggeber gestellt. Darüber hinaus fertigen manche Schmiede Geräte aus eigenem Material an, die sie auf den lokalen Wochenmärkten zum Verkauf anbieten. Ihr Arbeitsplatz befindet sich meist in einer kleinen, aus Bambusmatten errichteten Hütte neben dem Wohnhaus. Die Feuerstelle ist ebenerdig und mit Steinplatten ausgelegt. Daneben hängt ein Blasebalg. Ein kleiner Amboß, Zangen und Hämmer sind das Arbeitsgerät. Einige besonders geschickte Kami haben sich auf die Anfertigung von Gold- und Silberschmuck und goldenen Zahnkronen spezialisiert[4].

---

[4] Über die Kami siehe A. Höfer 1972.

Abb. 17: Zwei Damai (Vater und Sohn) bei der Arbeit vor einem Chetri-Haus in Bamti.
Tailors (Damai) at work in front of a Chetri house in Bamti.

Photo: W. Limberg, 29. Sept. 1967

Auch die Schneider haben ihre Stammkunden. Mit ihrer tragbaren, handbe-
triebenen Nähmaschine indischen Fabrikats ziehen sie von Haus zu Haus und
erledigen die Arbeiten an Ort und Stelle (Abb. 17). Wie die Schmiede erhalten
sie von ihren Kunden eine jährliche Pauschale in Naturalien und dazu die Tages-
verpflegung während des Besuchs. Allerdings sind Neuanfertigungen darin eingeschlossen. Die Damai betätigen sich außerdem als Musikanten auf Hochzeiten
und anderen Festlichkeiten.

Zur wirtschaftlichen Situation der Damai sei ein Beispiel angeführt: Der Damai
Padme aus Bhandar-Tarje zählte 1965 zehn Familien zu seinen festen Kunden,
die er jeweils mehrere Male im Jahr für einige Tage aufsuchte. Von jeder Familie
bezog er im Herbst 35 kg Mais. Das reichte neben dem Ertrag seines eigenen, etwa
0,5 ha großen Feldes (Kartoffeln, Mais, Fingerhirse) aus, um seine fünfköpfige
Familie schlecht und recht zu ernähren. An Bargeld verdiente er etwa 50 Rupien
(1 nepalische Rupie = damals ca. 0,50 DM) im Jahr durch Neuanfertigungen
für Nichtstammkunden und als Musikant. Für das Nähen einer Hose oder eines
Hemdes im einfachen nepalischen Schnitt erhielt er 2 Rupien, für das Musizieren
auf einer zweitägigen Hochzeit ebenfalls 2 Rupien und das Essen. Von den Bar-
einkünften kaufte Padme Kleiderstoff für sich und seine Familie, etwas Butterschmalz (1 kg = damals 7,50 Rupien), Salz und Petroleum.

2.4. Frühere Sklaven und Yemba

Eine weitere sozial niedere Gruppe bilden die *Gharti*, *Bhujel* und *Yemba*. Mit Ausnahme eines Teils der Yemba handelt es sich bei ihnen um ehemalige Sklaven (*kamāro*) und deren Nachkommen.

Die Leibeigenschaft war in Nepal bis vor einem halben Jahrhundert noch allgemein verbreitet. Auch in Solu-Khumbu gehörten zu den meisten Chetri- und Sherpa-Haushalten ein oder mehrere Sklaven. Aus Bamti wurde mir berichtet, daß einzelne wohlhabende Chetri-Familien über dreißig und mehr Sklaven verfügten.

Im Jahre 1924 wurde in Nepal jegliche Form der Leibeigenschaft untersagt. Die Regierung kaufte die Sklaven los und teilte ihnen Neuland im nepalischen Gebirgsvorland, dem Terai, zu. Jedoch nicht alle *kamāro* aus Solu-Khumbu wanderten dorthin ab. Einige blieben bei ihren ehemaligen Herren; andere ließen sich als Pächter nieder.

Die früheren *kamāro* stellen die heterogenste endogame Gruppe im Untersuchungsgebiet dar. Sie ist ein Gemisch aus den verschiedensten ethnischen Einheiten, da nicht allein die Kinder der Sklaven in sie hineingeboren wurden, sondern auch Kinder aus freien Familien hineingelangten, wenn sie von ihren Eltern zur Ablösung einer Schuld den Gläubigern übereignet oder aus einem anderen Grunde verkauft wurden. Diese Praxis scheint früher besonders bei den zentralnepalischen Bergstämmen verbreitet gewesen zu sein.

Die ehemaligen Sklaven bzw. ihre Nachkommen bezeichnen sich heute meist als *Gharti* oder *Bhujel* (HÖFER 1979, 131). Trotz der unterschiedlichen Namen bilden sie zusammen eine endogame Gruppe, d. h. die Männer können ihre Ehepartner nur aus dieser Gruppe wählen. Viele der Mädchen werden dagegen von Chetri, bei denen wegen ihrer polygynen Familienstruktur ein Frauenmangel herrscht, unter Mißachtung des Gebots der Kastenendogamie als Zweitfrau genommen. Die Kinder gehören zur Kaste des Vaters, sind also Chetri. Das hat zur Folge, daß in der Kaste der früheren Sklaven eine entsprechende Anzahl der Männer ehelos bleibt. Da seit der Abschaffung der Sklaverei kein Zuwachs von außen mehr möglich ist, weist diese unterprivilegierte Gruppe heute eine rückläufige Bevölkerungsentwicklung auf.

Die in Solu-Khumbu ansässigen *Yemba*, von denen sehr viele — jedoch nicht alle — Leibeigene waren, sollen, wie mir ein angesehener und mit den Verhältnissen in Tibet vertrauter Sherpa aus Bhandar mitteilte, ursprünglich aus Tibet stammen. Nach dieser Quelle soll sich der Name von tibetisch Yawaba = „Schlächter" herleiten[5]. Da die Sherpa als Lamaisten zwar Fleisch essen dürfen, aber die Tiere nicht selbst töten, holten sie sich Berufsschlächter aus Tibet. Es war meinem Informanten nicht bekannt, ob diese schon in Tibet unfrei waren und von den Sherpa gekauft wurden oder ob sie als freie Personen nach Solu-Khumbu einwanderten und erst ihre Kinder verkauften.

---

[5] Vgl. M. OPPITZ (1968, 98), der die Yemba und ihren Namen anders herleitet.

Nicht ganz geklärt werden konnte die Abstammung jener Yemba, die seit sechs Generationen als freie Bauern in und um Yelung (von Yemba-lung = Tal der Yemba) im Shoma-Panchayat (Khimti Khola) ansässig sind und es teilweise zu relativem Wohlstand gebracht haben. Ähnliche Yemba-Siedlungen gibt es rund um Solu auf Sunwar- und Rai-Territorium. Die Bewohner haben Kleidung, Sprache und Religion mit den Sherpa gemeinsam. Sie bezeichnen sich selbst gern als Sherpa; für die echten Sherpa sind sie *khamendeu* wie alle anderen Yemba, d. h. sie dürfen nicht an religiösen Zeremonien teilnehmen, und man trinkt mit ihnen nicht aus der gleichen Schale. Yemba können auch keine Sherpa-Mädchen heiraten. Soweit sie nicht untereinander heiraten, nehmen auch jene Yemba, die schon vor 1924 frei waren, ihre Ehepartner aus der ehemaligen Sklavenkaste.

Viele der früheren Sklaven stehen noch heute in Diensten der Chetri und Sherpa. Andere leben in armseligen Hütten auf einem kleinen Stück Ackerland. Oft sind sie nur Pächter und müssen die Hälfte des Ernteertrages an den Grundherren abliefern. Zusammen mit den Angehörigen der Handwerkerkasten stellen sie den wirtschaftlich schwächsten und den diskriminiertesten Teil der Bevölkerung dar.

2.5. Tamang, Magar, Newar und Gurung

Arm an eigenem Grund und Boden sind auch die meisten der in Solu ansässigen Tamang und Magar, die mit einem Anteil von 7,5% bzw. 8% an der Gesamtbevölkerung zahlenmäßig den dritten und vierten Platz einnehmen. Zusammen mit den Gurung und Newar gehören sie zu den in Zentral- und West-Nepal beheimateten Volksstämmen. Sie verfügten dort einst, ebenso wie die ihnen verwandten Rai, Sunwar und Limbu in Ost-Nepal, über eigene Stammesterritorien, in denen sie noch heute hauptsächlich konzentriert sind. Über die Herkunft dieser Stammesverbände, die von HAGEN (1957) als „altnepalische" Gruppen bezeichnet werden, lassen sich keine sicheren Aussagen machen. Ähnliche Gruppen sind entlang der Südabdachung des gesamten östlichen Himalaya bis nach Assam und Burma verbreitet. Sie zeigen alle deutliche mongolide Rassenmerkmale und gehören der tibeto-burmanischen Sprachfamilie an.

Mit Ausnahme der Newar, die im Kathmandu-Tal eine hochentwickelte Stadtkultur aufgebaut haben und seit altersher unter einem starken kulturellen Einfluß Indiens stehen, haben die altnepalischen Stämme sehr ähnliche Lebens- und Wirtschaftsformen. Sie sind Bergbauern und bewohnen heute meist mittlere Höhenlagen zwischen ca. 1200 m und 2300 m. Auf ausgedehnten, kunstvoll angelegten Ackerterrassenfluren kultivieren sie vornehmlich Mais, Fingerhirse und Naßreis. Die Verehrung von Naturgeistern verbunden mit Blutopfern ist bei ihnen noch ausgeprägt. Unter dem Einfluß der Chetri und Brahmin sind sie mehr oder weniger hinduisiert worden. Manche Zweige der Tamang bekennen sich zum Lamaismus.

Von den Hindus sind die Bergstämme in die soziale Stufenleiter des Kastensystems eingeordnet worden. Sie bilden darin nach BISTA (1967) das mittlere Stockwerk (*matwāli jāt*) zwischen den höheren Hindukasten (*tāgādhāri jāt*) der Brahmin und Chetri und den „unberührbaren" Berufskasten (*pohoni*). Eine allgemein anerkannte Reihenfolge innerhalb der *matwāli jāt* besteht nicht. So stimmt auch der von einer Gruppe beanspruchte Platz nicht immer überein mit der sozialen Stellung, die ihr von den anderen Gruppen zuerkannt wird.

Die in Solu-Khumbu ansässigen Angehörigen der zentralnepalischen Bergstämme haben den Kontakt zu ihren Stammesgenossen im Westen völlig verloren und beherrschen meist nicht einmal mehr ihre jeweilige tibeto-burmanische Stammessprache. Stattdessen sprechen sie nur noch Nepali[6]. Die Splittergruppen können daher kaum noch als ethnische Einheiten bezeichnet werden. Wenn sie sich trotzdem als endogame Gruppen erhalten haben, so ging das meiner Meinung nach nicht von ihnen selbst aus, um vielleicht eine gewisse völkische Eigenständigkeit zu bewahren, sondern ist allein auf die bis zum Jahre 1963 in Nepal gesetzlich verankerte Kastenendogamie zurückzuführen.

Die *Tamang* (Abb. 16) und *Magar* sind wohl nicht viel später als die Chetri nach Solu-Khumbu eingewandert. Sie kamen jedoch nicht als Bauern, sondern als Bergarbeiter, um die lokalen Eisen- und Kupfererze abzubauen.

Der Bergbau wurde bereits von dem ersten Gurkha-König Prithvi Narayan besonders gefördert (SHRESTHA 1967, 3) und man kann davon ausgehen, daß bald nach 1773 in ganz Ost-Nepal eine intensive Suche nach abbauwürdigen Lagerstätten begann. Die ergiebigsten Vorkommen von Solu fand man im Raum Gora-Kerung. Der Abbau erfolgte allerdings unter primitivsten Bedingungen in Eigenregie der Bergleute. Die Verhüttung wurde an Ort und Stelle von Kami vorgenommen. Das gewonnene Erz mußte mit Trägern abtransportiert werden. An dem Erlös waren die Bergarbeiter, die Kami und die Regierung zu je einem Drittel beteiligt.

Der Erzbergbau war nur so lange rentabel, wie die Gurkha-Könige bzw. nach 1846 die Rana-Herrscher den gesamten inländischen Bedarf einschließlich der Waffenproduktion aus dem eigenen Land zu decken suchten und ihre Isolationspolitik gegenüber Britisch-Indien aufrecht erhielten. Darüber hinaus war auch Tibet schon immer ein wichtiger Markt für nepalische Metalle und Metallwaren gewesen. Mit der inneren und äußeren Konsolidierung des Gurkha-Reiches und der Einfuhr moderner Waffen aus England ging zunächst die Waffenproduktion, die unter dem Premierminister Bhimsen Thapa (1806 bis 1837) den größten Aufschwung erlebt hatte, zurück. Nach der gewaltsamen Öffnung Tibets durch die Engländer (Younghusband-Expedition 1903/1904) wurde Nepal weitgehend von dem tibetischen Markt verdrängt. Im Jahre 1923 schließlich mußte Nepal aufgrund des Britisch-Nepalischen Abkommens seinen eigenen Markt für Importe aus Indien öffnen. Die nepalische Kleinindustrie und mit ihr der Bergbau waren nun gegenüber den billigen, zollfrei eingeführten Waren nicht mehr konkurrenzfähig (SHRESTHA 1967, 126—131). Nach und nach wurden die meisten Minen stillgelegt. Im Raum Gora - Kerung in Solu soll nach Auskunft eines früheren Magar-

---

[6] Zum Beispiel ergab eine Befragung in der großen, nur von Gurung bewohnten Siedlung Rumjatar bei Okhaldhunga, daß selbst dort die Stammessprache gänzlich in Vergessenheit geraten ist.

Bergarbeiters als letzte die Kupfergrube von Jantarkhani um das Jahr 1935 aufgegeben worden sein. Ein Teil der Bergleute und Kami wanderte ab, die Mehrzahl blieb jedoch und pachtete oder kaufte etwas Land von den Sherpa.

Die größeren Siedlungen mit Tamang- und Magar-Bevölkerung liegen in der
Nähe der früheren Abbauplätze. Da die Tamang das Eisenerz und die Magar das
Kupfererz abbauten, ist an der Verteilung der beiden Volksgruppen noch zu erkennen, wo diese Erze gefördert wurden: Kunakhop, Boldok, Lapcha und Dharapani sind fast reine Tamang-Siedlungen, während Jantarkhani, Patangje, Gurmise
und Mure ganz überwiegend von Magar bewohnt werden. In der Umgebung dieser
Siedlungen zeugen Pingen, Schutthalden und weit in die Berghänge hineingetrie-
bene Stollen von der früheren Tätigkeit der Bewohner. Auch in den Ortsnamen
auf -*khani* (Mine, Grube), wie z. B. Tambakhani (Eisengrube) und Phalamkhani
(Kupfergrube), sowie in den Flußnamen Khani Khola (Grubenbach) und Shisha
Khola (Bleibach) hat der Bergbau seinen Niederschlag gefunden. Nicht zuletzt
auf sein Konto geht auch die starke Waldzerstörung in Solu zurück, da ein großer
Bedarf an Holzkohle für die Verhüttung und an Grubenholz bestand.

Ein relativ junges Bevölkerungselement im Siedlungsgebiet der Sherpa stellen
die *Newar* dar. Fast alle befragten Angehörigen dieser Volksgruppe sind erst in
der letzten oder vorletzten Generation zugewandert. Ihre ursprüngliche Heimat
ist das Kathmandu-Tal. Die wenigsten kamen jedoch direkt von dort, sondern
entstammen Familien, die seit längerem in den rings um Solu gelegenen Marktorten Those, Okhaldhunga und Aiselukharka ansässig sind.

Die Newar sind die Händler Nepals. Als solche haben sie sich vom Kathmandu-
Tal aus über ganz Nepal verbreitet. Sie leben bevorzugt in geschlossenen, linear
ausgerichteten Gruppensiedlungen, die sich in größeren Abständen an den wichtigen
Durchgangswegen aufreihen. Diese Marktflecken dienen der Versorgung der Bevölkerung mit nicht lokal produzierten Waren. Einige Läden sind auf Baumwoll-
stoffe spezialisiert, die meisten zeigen jedoch immer das gleiche vielseitige Sor-
timent: billige Schmuckwaren, Farben, Seife, Petroleum, Taschenlampen, Zünd-
hölzer, Zigaretten, Zucker und Zuckerwaren, Biskuits, Gewürze, Gemüsesamen,
Schreibutensilien und Regenschirme. Gewöhnlich haben sie auch die Konzession
für den Verkauf von selbstgebranntem Schnaps (*raksi*). Die größeren Marktorte
haben Wochenmärkte, auf denen auch die lokale Bevölkerung ihre Agrarprodukte
anbietet.

In Solu-Khumbu fehlten früher Newar-Marktsiedlungen dieser Art. Die Handels-
funktionen für das Sherpa-Gebiet von Solu wurden von Those und Okhaldhunga
wahrgenommen. Nur in Dorphu im mittleren Solu-Tal fand ein Wochenmarkt
statt, auf dem Newar aus Okhaldhunga mit eigenen Verkaufsständen vertreten
waren. Weitere Wochenmärkte wurden um 1960 in Bhandar und Chuchure eröffnet, die von den Newar aus Those mitbedient werden.

Dorphu erlebte einen großen Aufschwung, als das drei Kilometer nördlich gelegene Salleri im Jahre 1960 Verwaltungssitz des Distrikt-Panchayats Solukhumbu
wurde. Zahlreiche Newar haben sich seitdem in Dorphu, Salleri und der näheren
Umgebung niedergelassen. Einige eröffneten feste Verkaufsläden, andere unter-

halten nur an den Markttagen einen Stand. Sie alle haben zugleich Ackerland von den Sherpa erworben, das sie zusätzlich bewirtschaften. Mehrere Newar sind auch als Schreiber bei der Distriktsverwaltung angestellt. Der relativ hohe Newar-Anteil an der Bevölkerung der Gemeinde-Panchayate Phaphlu und Garma ist auf die Anziehungskraft von Dorphu und Salleri zurückzuführen.

Unabhängig von den Marktorten haben sich besonders in der letzten Generation auch einzelne Newar-Familien an verschiedenen anderen Orten Solus angesiedelt und einen kleinen Laden eröffnet.

Die *Gurung* bilden in Solu-Khumbu nur eine kleine Minderheit. Ihre Einwanderung nach Ost-Nepal fällt ebenfalls in die Zeit nach der Konsolidierung des Gurkha-Reiches. Sie kamen wie die Chetri als Bauern. Im Sherpa-Gebiet haben sich Gurung jedoch erst später niedergelassen. Sie entstammen überwiegend der großen Gurung-Siedlung Rumjatar bei Okhaldhunga.

Die Gurung von Rumjatar sind als erfahrene Schafhirten bekannt und zum Teil selbst Besitzer großer Herden, mit denen sie im jahreszeitlichen Rhythmus zwischen den alpinen Matten des nördlichen Solu und der Siwalikzone am Gebirgsfuß wandern (LIMBERG 1973). Gurung aus Rumjatar werden auch gern von Schafherdenbesitzern unter der Chetri- und Sherpa-Bevölkerung Solus beschäftigt. Wahrscheinlich sind einzelne dieser Lohnhirten in Solu ansässig geworden. Eine überwiegend von Gurung bewohnte Siedlung ist Angpang im Kerung-Panchayat.

2.6. Rai und Sunwar

Die *Rai* und *Sunwar* sind bereits mehrfach erwähnt und als altnepalische Volksgruppen charakterisiert worden, zu deren Stammesterritorien die Täler von Solu ursprünglich gehörten. Obwohl ihre Siedlungsgebiete direkt an das Sherpa-Gebiet anschließen und sie seit altersher mit den Sherpa in Kontakt gestanden haben, ist es nicht zu einer Verwischung der alten Stammesgrenzen gekommen. Die beiden Siedlungen Jese im Patale-Panchayat und Lichu im Goli-Panchayat mit Sunwar-Bewohnern sollen schon vor der Sherpa-Landnahme begründet worden sein. Ansonsten sind nur einige wenige Vertreter der beiden Gruppen in Solu-Khumbu ansässig.

2.7. Die vertikale Verteilung der Hauptbevölkerungsgruppen

Mit der Besetzung der höheren Gebirgslagen durch die Sherpa entstand über den nur wenig höher als 2000 m Meereshöhe an den Talhängen des Vorderhimalaya hinaufreichenden Wohngebieten der Rai und Sunwar ein zweites Siedlungsstockwerk. Die obere Höhengrenze der Dauersiedlungen wurde dadurch auf 3000 m in Solu bzw. bis auf 4000 m in Khumbu angehoben. Zu einer unmittelbaren Überlagerung kam es jedoch ursprünglich nur am Dudh Kosi, wo im Raume Phuleli die Rai die unteren Hänge bereits besetzt hatten und nun die Sherpa an den oberen Hängen Siedlungen gründeten. Im Likhu-Gebiet Solus waren die Sunwar noch nicht vertreten. Die unterhalb 2000 m gelegenen Hänge des hier bis auf 1400 m eingetieften Tales wurden von den Sherpa miterworben, aber von ihnen weder besiedelt noch in die Nutzung einbezogen.

Die vertikale Zweigliederung des Siedlungsraumes blieb auch nach der Zuwanderung der weiteren Bevölkerungsgruppen im Prinzip unverändert erhalten. Als Bauern auf der Suche nach Neuland kamen ja nur die Chetri. Sie füllten besonders im Likhu-Tal die unteren, von den Sherpa gemiedenen Hänge auf. Die Wohngebiete der beiden Gruppen blieben dort zunächst klar voneinander getrennt. Erst seit etwa zwei Generationen führte die akute Landverknappung in den Hindu-Dörfern zu einem Aufwärtsdrängen der Chetri bis etwa 2300 m. Auch am Solu Khola stoßen in jüngerer Zeit Chetri und Brahmin vom Dudh Kosi her, wo sie sich zwischen die Rai gesetzt hatten, flußaufwärts bis in Lagen von etwa 2300 m vor.

Die Magar- und Tamang-Siedlungen des südwestlichen Einzugsgebietes des Solu Khola liegen dort zum Teil höher als die Siedlungen der Sherpa. Für die Wahl ihrer Wohnplätze waren, wie oben ausgeführt, die Erzvorkommen ausschlaggebend. Ansonsten sind die Lagen über 2300 m fast ausschließlich den Sherpa vorbehalten. Pharak und Khumbu sind daher praktisch reines Sherpa-Gebiet im weiteren Sinne (einschließlich Khamba).

Pangpoche in Khumbu ist mit 4000 m Meereshöhe die höchste bäuerliche Dauersiedlung des Untersuchungsgebietes. In Solu wird die Obergrenze der bäuerlichen Dauersiedlungen von den Sherpa-Orten Phukmoche (um 3100 m, am oberen Solu Khola nördlich Junbesi), Golela (3000 m, im Likhu-Tal) und Soktuwa (2650 m, im Khimti-Gebiet) gebildet. Noch höher hinauf reichen in Solu die ganzjährig bewohnten Lama-Klöster bzw. -siedlungen Sengephuk (4000 m, oberhalb Phukmoche), Ngowur (3400 m, im Goli-Panchayat am Weg zum Pike) und Dolakha (3200 m, im Patale-Panchayat auf der Lamche Danda), in Khumbu das Kloster von Thame (knapp 4000 m, 200 m über dem Dorf) und die bis vor kurzem von einem Eremiten bewohnte Nangharshang Gonda (knapp 4600 m, 150 m über der Sommersiedlung Dingpoche).

3. SIEDLUNGSGENESE UND BODENRECHT

3.1. Sippe und Clan

Die endogamen Bevölkerungsgruppen des Untersuchungsgebietes sind in sich in exogame patrilineare Abstammungsgruppen gegliedert, die ich in Anlehnung an die Murdocksche Verwandtschaftsterminologie (MURDOCK 1949, E. W. MÜLLER 1959) als *Sippen* (engl. *sibs*) bezeichne. Die Zugehörigkeit zu einer Sippe wird durch die Geburt bestimmt und durch einen gemeinsamen Sippennamen dokumentiert. Ein Individuum bleibt zeit seines Lebens in ein und derselben Sippe, selbst wenn es den Kontakt zu seinen Sippengenossen verliert. Es gibt auch keine Veränderung durch die Heirat. Da die Sippe exogam ist, gehören Ehepartner zu verschiedenen Sippen.

Die Sippenstruktur einer Gesellschaft ist für eine geographische Untersuchung ohne besondere Relevanz, wenn es sich um „dislokalisierte" Sippen handelt, d. h. wenn alle Sippenmitglieder verstreut zwischen Angehörigen anderer Sippen oder auch anderer Bevölkerungsgruppen siedeln. Dagegen ist sie von außerordentlicher Bedeutung sowohl für das Verständnis der Landbesitzverhältnisse als auch der Siedlungsstruktur, wenn die Sippen oder Sippensegmente jeweils über ein eigenes Territorium verfügen, wenn sie „lokalisiert" sind.

Lokalisierte patrilineare Sippen haben eine virilokale Siedlungsweise. Die Töchter verlassen am Tage ihrer Hochzeit das Territorium ihrer Blutsverwandtschaftsgruppe und ziehen zu ihren sippenfremden Ehemännern. Entsprechend holen die Söhne ihre sippenfremden Ehefrauen zu sich. Daraus folgt, daß niemals alle Bewohner dieses Territoriums ein und derselben Sippe angehören. Diese Personengemeinschaft, die ein gemeinsames Territorium bewohnt und bewirtschaftet und aus den Sippenmännern, ihren unverheirateten Töchtern und ihren sippenfremden Ehefrauen besteht, bezeichne ich, wiederum in Anlehnung an Murdock (1949), als *Clan*.

Solange alle männlichen Mitglieder einer (patrilinearen) Sippe in einem geschlossenen Gebiet lokalisiert sind, decken sich praktisch Sippen- und Clanterritorium. Wichtig wird die Unterscheidung jedoch, wenn sich eine Sippe in mehrere Einheiten aufgespalten hat, die jeweils ein eigenes Territorium bewohnen. Jedes einzelne Sippensegment bildet dann einen selbständigen Clan.

Zur Neubildung von Clans kann es einmal kommen, wenn ein männlicher Sippenangehöriger den gemeinsamen Siedlungsraum für immer verläßt und außerhalb Neuland erwirbt, das er ausschließlich für sich und seine Nachkommen beansprucht. Er tritt damit aus dem Clan aus, bleibt jedoch Mitglied der Sippe. An seinem neuen

Wohnsitz wird er zum Begründer eines neuen Clans. Seine Nachkommen legen sich vielleicht auch einen anderen Namen zu. Solange sie sich jedoch ihrer Abstammung bewußt bleiben und das Exogamiegebot beachten, sind sie eine Untersippe (*sub-sib*) oder Linie (*lineage*) der Stammsippe. Selbständige Clans können aber auch durch die Aufspaltung eines ursprünglich gemeinsamen und bereits mehr oder weniger aufgesiedelten Territoriums entstehen.

In Clangemeinschaften sind die Rechte an Grund und Boden, wie aus den Untersuchungen Schlesiers über *Die Grundlagen der Klanbildung* (1956, 89 ff.) hervorgeht, weltweit immer nach den gleichen, fast übereinstimmenden Prinzipien geregelt: Der Clan kennt kein Individualeigentum an Grund und Boden. Alles Land ist korporatives Eigentum des Clans, niemals einer Einzelperson oder einer Familie. Alle Clangenossen haben die gleichen Rechte, aber auch die gleichen Pflichten gegenüber der Gemeinschaft. Daraus resultiert, daß ein intakter Clan keine soziale Schichtung und auch kein Häuptlingstum kennt. Entscheidungsbefugnisse in öffentlichen Angelegenheiten, also auch bei der Kontrolle und Verteilung der Nutzungsrechte, liegen bei der Versammlung der älteren Männer. Einzelfamilien können zeitlich begrenzte (bei periodischen Umteilungen) oder auch unbegrenzt und in unilateraler Folge vererbbare Besitzrechte an dem von ihnen gerodeten und in Dauerkultur genommenen Land erwerben, es aber nicht an Clanfremde veräußern. Sie bleiben Besitzer des Bodens, so lange sie aus ihm ihren Lebensunterhalt gewinnen. Wird das Land aufgegeben, so fällt es an den Clan zurück. Weiterhin steht es jeder Familie frei, im Gemeinschaftsland, soweit es nicht durch besondere Restriktionen geschützt ist, Wechselfeldbau zu betreiben. Das jeweils bestellte Stück Land befindet sich für die Dauer der Nutzung im Privatbesitz der Familie, und kein anderer darf sich daran vergreifen. Wenn jedoch der Boden erschöpft ist und wieder der natürlichen Vegetation überlassen wird, verliert die Familie das individuelle Besitzrecht an ihm. Hat sich der Boden nach einigen Jahren wieder erholt, so ist es möglich, daß dasselbe Stück Land von einer anderen Familie bebaut wird. Weidegebiete, Wälder und Gewässer stehen allen Clanangehörigen in gleicher Weise zur Nutzung offen.

Man kann davon ausgehen, daß die angeführten Prinzipien auch in Solu-Khumbu einmal uneingeschränkte Gültigkeit besaßen. Unter dem zunehmenden Einfluß der Zentralregierung in Kathmandu waren sie zwar mancherlei Veränderungen unterworfen, die im wesentlichen alle auf eine allmähliche Umwandlung des auf der Clanstruktur basierenden Bodenrechts zugunsten einer mehr individuellen Besitzverfassung ausgerichtet waren; sie haben jedoch die gegenwärtige Verteilung der Besitz- und Nutzungsrechte am Grund und Boden und das Siedlungsgefüge nachhaltig beeinflußt.

Im folgenden soll nun versucht werden, die Entwicklung der Landbesitzordnung und Landbesitzverteilung zu rekonstruieren. Ich beschränke mich dabei auf Solu, wo der Schwerpunkt meiner Erhebungen lag. Da abgesehen von einigen Regierungserlassen dazu keinerlei schriftliche Quellen zur Verfügung standen, muß ich mich besonders auf mündliche Auskünfte und auf die Auswertung meiner Landbesitzkartierungen stützen.

3.2. Verteilung und Entwicklung der ehemaligen Sherpa-Clanterritorien[7]

Bis zur endgültigen Ablösung der traditionellen Landbesitzordnung im Jahre 1949 war Solu in eine größere Zahl von Territorien aufgeteilt, die sich im Gemeinschaftsbesitz der einzelnen Sherpa-Clans befanden. Diese ehemaligen Clanterritorien sind mit den heutigen Steuerbezirken (*parganna* oder *talukdari*), den ursprünglichen administrativen Einheiten, identisch, und ihre Grenzen konnten daher von mir noch im Jahre 1967 nach Angaben der einheimischen Steuereinnehmer kartiert werden (Beilage 2). Dabei zeigte es sich, daß die früheren Clangemeinschaften ausschließlich von Sippensegmenten der vier großen exogamen patrilinearen Abstammungsgruppen der Sherpa engsten Sinnes gebildet wurden, deren Mitglieder sich genealogisch auf die im 16. Jahrhundert von Tibet her eingewanderten Erstsiedler zurückführen lassen. Es sind die — von OPPITZ (1968) als ,,Proto-Clans" bezeichneten — Sippen der *Minyagpa* mit heute ca. 1190 Haushalten, *Thimmi* mit ca. 840 Haushalten, *Lamaserwa*, auch kurz *Lama* genannt, mit ca. 450 Haushalten und schließlich *Chiawa* mit ca. 190 Haushalten.

Von diesen vier Sippen verfügten nur die Chiawa bis zuletzt über ein geschlossenes Clanterritorium (200 Lapcha)[8], im Einzugsgebiet des Shisha Khola. Die drei übrigen hatten sich im Laufe der Generationen in eine mehr oder weniger große Zahl selbständiger Clans aufgespalten, die sich zum Teil auch neue Sippennamen zulegten. Am weitesten fortgeschritten ist die Segmentierung in der Minyagpa-Sippe, wobei der alte Name fast ganz in Vergessenheit geriet, die einzelnen Sippensegmente sich jedoch bis in die Gegenwart der gemeinsamen Abstammung bewußt blieben und nicht untereinander heiraten.

Die Minyagpa bilden nicht nur die volkreichste Sherpa-Sippe, sondern sie konnten sich auch den relativ größten Anteil von Solu sichern. Als ihre Kernsiedlung ist der Ort Tragdobuk westlich Junbesi anzusehen. Von dort wanderte ein Mitglied der Sippe nach Golela im Likhu-Tal ab und brachte die umliegenden Hänge an der Westflanke des Pike in seinen Besitz. Die Nachkommen wurden *Gole* genannt. Sie teilten ihr Territorium später in drei Teile auf (421 Goli, 422 Likhu-Rawa und 423 Siruwa), so daß aus der Gole-Untersippe drei selbständige Clangemeinschaften hervorgingen.

Ein weiterer Minyagpa zog von Tragdobuk nach Süden ins Tal des Loding Khola und wurde zum Begründer der *Yülgongma*-Untersippe (441 Loding oder Ledingma). Von einem Yülgongma konnte später das Gebiet um Salabesi (442) am Junbesi Khola erworben werden, wo dann ein zweiter Yülgongma-Clan entstand.

Die Hänge zu beiden Seiten des mittleren Solu Khola gelangten in den Besitz des Begründers der *Binasa*-Untersippe. Teilgebiete daraus wurden jedoch in der Folgezeit an Angehörige anderer Sherpa-Sippen veräußert (s. u.). Die Binasa spal-

---

[7] Dieser Abschnitt fußt a) auf Erhebungen gemeinsam mit M. OPPITZ 1965 (vgl. OPPITZ 1968, 80—92), b) auf ergänzenden Kartierungen und Befragungen 1967.

[8] Hier und im folgenden beziehen sich die Zahlen auf Beilage 2. Die jeweils erste Ziffer gibt die Sippe an: 1 Lamaserwa (Lama), 2 Chiawa, 3 Thimmi, 4 Minyagpa.

teten sich in insgesamt fünf Clangemeinschaften (431 Dorip-Salleri, 432 Dzedok, 433 Nyimare, 434 Toshing und 435 Tumshe).

Eine vierte große Untersippe innerhalb der Minyagpa-Gruppe bilden die *Gardza*, die wiederum in zwei unabhängige und räumlich getrennte Clans zerfielen. Davon beanspruchte eine das Einzugsgebiet des oberen Maulung Khola (451 Patale) und die zweite das obere Khimti-Tal von Garjang (452) nordwärts.

Die in Tragdobuk verbliebenen Mitglieder der Minyagpa-Sippe, die sich nach ihrem Heimatort *Trakto* nannten[9], konnten ihr Territorium weiter nach Westen über den Lamjura-Paß hinaus bis auf die rechten Talhänge des Likhu Khola ausdehnen. Nach Norden reichte es zu beiden Seiten des Likhu Khola bis zur Gipfellinie der Numbur-Karyolung-Kette. Die nördlichen Teile im Likhu-Tal wurden dann später an einen Sippengenossen aus der in Pharak entstandenen Untersippe der *Pankarma* abgetreten, der sich in Gumdel ansiedelte. Dessen Nachkommen veräußerten dann das zwischen dem Bike Khola und dem linken Quellfluß des Likhu Khola gelegene Wald- und Mattengebiet (411.2) an die Yülgongma von Ledingma[10]. Das Gebiet von Kyama (340) ging an einen Sherpa aus der Thimmi-Sippe, dessen Nachkommen sich heute *Lakshindo* nennen. Den Pankarma verblieben die beiden Areale um Gumdel (411.4) und Choarma (411.3). Die Trakto selbst haben ihr Restterritorium vor sieben Generationen in Tragdobuk mit Sete (412) und Sagar-Baganje (411.1) zweigeteilt. Die westlich des Likhu Khola zwischen Bhandar und Gumdel gelegenen Besitzungen (411.5) verblieben bei Sagar-Baganje und wurden als selbständige Einheit abgetrennt, nachdem der Likhu Khola zum Grenzfluß zwischen den Verwaltungsdistrikten East No. 2 (Ramechhap) und East No. 3 (Okhaldhunga) geworden war (Abb. 9).

Das Hauptsiedlungsgebiet der *Thimmi*-Sippe, zu der in Solu die *Salaka, Khambadze, Gobarma* und *Lakshindo* zählen, liegt im nordöstlichen Teil von Solu. Die Salaka, die — ähnlich wie die Trakto in der Minyagpa-Gruppe — den Kern der Sippe bilden und von denen sich die Khambadze, Gobarma und Lakshindo erst relativ spät abgespalten haben dürften, zerfielen in zwei separate Clangemeinschaften, die *Mopung-Salaka* (312.1 und 312.2) und die *Tragsindo-Salaka* (311). An ihre Territorien schlossen sich im Süden die Wohngebiete der Khambadze von Phera (321.1) und der Gobarma von Salung (321.2) an. Sowohl die Khambadze von Phera als auch die Gobarma von Salung sollen bis zum Jahre 1942 Besitzrechte an den Hochweiden der Mopung-Salaka (312.2) behalten haben. Erst dann sollen einzelne kleine Areale daraus an sie übertragen worden sein, von denen ich bei der Kartierung allerdings nur je ein Weidegebiet der beiden Clans (312.3 — Phera-Khambadze und 312.4 — Salung-Gobarma) lokalisieren konnte.

---

[9] Gelegentlich wird der Name *Trakto* auch auf alle Mitglieder der *Minyagpa*-Sippe angewandt. Angehörige der *Gole-* und *Yülgongma*-Untersippe z. B., die nach Khumbu gezogen sind, nennen sich dort *Trakto*, weil den Sherpa von Khumbu nicht alle Namen der in Solu vertretenen Untersippen geläufig sind.

[10] Der in tibetischer Sprache abgefaßte, undatierte Kaufvertrag wurde mir in Ledingma vorgelegt. Als Kaufpreis waren darin 90 Rupien, 1 Yak und 1 Dzomo genannt.

Am mittleren Solu Khola waren im ehemaligen Binasa-Gebiet von einzelnen aus Phera abgewanderten Khambadze die Siedlungen Chhulemo (322), Chutok (323), Paor (324), Thalleri (325) und Khoriya (326) gegründet worden. In Bhittakharka (330) entstand ein zweiter Gobarma-Clan.

Als letztes bleibt noch die Verbreitung der *Lama*-Territorien zu besprechen. Die Stammsiedlung der Lama ist Junbesi. Das Clanterritorium der Junbesi-Lama erstreckte sich, unterbrochen von dem Teilgebiet der Mopung-Salaka (312.1), entlang des Junbesi Khola von Domphuk nach Norden (101.1 und 101.2). Flußabwärts gehörten noch die Exklaven Dolange (101.5), Dzambuk-Chiwangkhop (101.6) und ursprünglich auch Chhunakpo (101.7) hinzu. Die Chhunakpo-Lama spalteten sich vor einigen Generationen ab und erhielten aus dem gemeinsamen Hochweidegebiet den Shingsere-Rücken (101.4) nördlich Salung zugesprochen. Einen dritten Clan bildeten die Nachkommen eines aus Junbesi abgewanderten Lama, der im Binasa-Gebiet ein kleines Areal (102 Garma) aufgekauft hatte. Darüber hinaus existierten noch vier Clangemeinschaften im Likhu- und Khimti-Tal (103 Sangba[11], 104 Pumpa, 105 Shoma und 106 Ghunsa), die durch Abwanderer aus Junbesi begründet worden waren. Phaphlu im mittleren Solu-Tal unterhalb Chhunakpo, das ebenfalls in den Besitz eines Lamaserwa gelangte, stellt einen später zu behandelnden Sonderfall dar (Kapitel 3.6).

3.3. Die Landbesitzverfassung unter dem *kipaṭ*-Recht

Bis zum Anschluß Ost-Nepals an das Gurkha-Reich (1772/73) blieben die Sherpa völlig autonom. Sie waren von keiner fremden Macht abhängig und wurden durch keine fremdstämmigen Zuwanderer gestört. Es gibt auch keinerlei Hinweise für eine interne politische Organisation, die über die Clanorganisation hinausging. Die Sherpa waren somit sicherlich nicht militärisch organisiert und konnten den Truppen des Gurkha-Königs Prithvi Narayan keinen Widerstand entgegensetzen. Sie mußten sich seinem Herrschaftsanspruch beugen und wurden ihm steuerpflichtig. Die Landbesitzverfassung der Sherpa wurde von dieser Entwicklung allerdings zunächst kaum berührt; denn der Souverän beanspruchte in den annektierten Stammesgebieten der ostnepalischen Bergstämme nicht, wie z. B. in Zentral-Nepal, das Obereigentum an Grund und Boden, sondern anerkannte die traditionellen kollektiven Besitzansprüche der einzelnen Clangemeinschaften. Die Grenzen ihrer Territorien wurden katastermäßig erfaßt, und jedes Territorium bildete einen gesonderten Steuerbezirk (*pargannā*) mit weitgehend autonomer Verwaltung.

Diese Form des kollektiven Landbesitzes, die heute in Nepal nur noch im Limbu-Gebiet anzutreffen sein soll (CAPLAN 1970) und auch dort wahrscheinlich kurz vor der Ablösung steht, wird als *kipaṭ*-Recht bezeichnet und steht im Gegensatz zum *raikaṛ*-Recht, nach dem der Staat Eigentümer des Bodens ist und die Bauern als Erbpächter (mit veräußerbaren Besitzrechten) des Staates gelten[12]. Wesent-

---

[11] Das Sangba-Territorium im Bhandar-Gebiet wurde um 1640 begründet (S. 63).

[12] Über die Vielfalt der in Nepal vorkommenden Landbesitzsysteme, die jedoch in ihrer Mehrzahl Variationen des *raikaṛ*-Rechts sind, liegt die umfassende Untersuchung von MA-

lichstes Unterscheidungsmerkmal ist die Art und Weise der Landbesteuerung. Im *raikar*-System werden die Abgaben individuell nach dem Umfang des tatsächlich kultivierten Landes festgesetzt, unter dem *kipaṭ*-Recht dagegen wird die Landbesitzgemeinschaft global besteuert. Für Steuerschulden haftet im ersten Fall der einzelne Bauer, im zweiten Fall die Gesamtheit der berechtigten Bewohner (*kipaṭiya*), vertreten durch den von ihnen gewählten und von der Regierung in seinem Amt bestätigten Vorsteher.

Die Vorsteher wurden in Solu *mijhār* genannt. Der von jeder *pargannā* zu entrichtende Steuerbetrag hieß *ṭhek tiro* (= Kontraktsteuer). Er setzte sich zusammen aus der eigentlichen Grundsteuer (*wajabi*) und verschiedenen Einzelabgaben (z. B. für die Befreiung von unbezahlten Trägerdiensten für Regierungsabgesandte, für die Befreiung von bestimmten Kastengeboten, für die Konzession zum Schnapsbrennen), die im Jahre 1847 zur *asmāni*-Steuer zusammengelegt wurden (Anhang 2 und 3).

Die Steuersumme wurde in unregelmäßigen Zeitabständen, die z. T. mehrere Jahrzehnte betrugen, von Regierungsbeauftragten (*amāli*) nach der Zahl der Haushalte neu bestimmt. Sie mußte in den folgenden Jahren in voller Höhe aufgebracht werden, auch wenn sich die Zahl der Haushalte in der Zwischenzeit verringert hatte. Neuhinzukommende Haushalte wurden erst bei der nächsten Festsetzung berücksichtigt.

Der *mijhār* war für die Umlegung der Steuer auf die Bewohner und für die Übergabe in vier Jahresraten an den durchreisenden Steuereinnehmer der Regierung (*dwāre*) verantwortlich. Er wurde bei der Erhebung von dem *gorcha*, einem von ihm beauftragten Bewohner, unterstützt. Das Amt des *gorcha* wurde meist im jährlichen Wechsel von den einzelnen *kipaṭiya* ausgeübt. Der *mijhār* war gewöhnlich auf Lebenszeit bestimmt. Bei seinem Tod ging das Amt gewöhnlich auf einen seiner Brüder oder seiner Söhne über. Er konnte jedoch jederzeit auf einen begründeten Antrag der Bewohner hin abgesetzt werden. Diese Vorschrift sollte verhindern, daß ein *mijhār* seine Stellung ausnutzte, um sich persönlich zu bereichern und die Bewohner in seine Abhängigkeit zu bringen. Neben der Steuererhebung war er nämlich auch für die Aufrechterhaltung von Ruhe und Ordnung in seiner *pargannā* beauftragt und dazu mit einer niederen Gerichtsbarkeit ausgestattet. Der *dwāre* bildete die nächsthöhere Instanz. Gegen dessen Entscheidungen konnte nur in Kathmandu bzw. in späterer Zeit beim *badā hākim* (Gouverneur) in den neugeschaffenen Verwaltungsorten Okhaldhunga (East No. 3) bzw. Ramechhap (East No. 2) Berufung eingelegt werden.

In größeren, aus mehreren Siedlungsgruppen bestehenden *pargannā*, wie z. B. im Chiawa-Gebiet, wurden meist mehrere *mijhār* ernannt, die dann einem *gemba* unterstanden; dieser trug die Hauptverantwortung. — Weitere Einzelheiten über die *kipaṭ*-Rechte finden sich in den Urkunden, die in Anhang 2 und 3 wiedergegeben sind.

HESH C. REGMI (1963—1965) vor, die sich besonders auf die Auswertung von Archivalien stützt. Solu Khumbu findet darin leider keine Erwähnung. Die Ausführungen über das *kipaṭ*-Recht beziehen sich ausschließlich auf das Limbu-Gebiet.

4°

3.4. Die Einführung des *raikaṛ*-Rechts

Während es unter dem *raikaṛ*-Recht dem einzelnen Bauern freisteht, seine Felder an jeden beliebigen Interessenten zu verkaufen, gewährleistete das *kipaṭ*-Recht den Sherpa von Solu die Beibehaltung der in ihrer traditionellen Landbesitzordnung verankerten Restriktionen bezüglich der Veräußerung von *kipaṭ*-Land. Die oberste Verfügungsgewalt über den Grund und Boden lag weiterhin bei den Clangemeinschaften. Privatpersonen waren nur berechtigt, die von ihnen kultivierten Dauerfelder an Mitglieder des eigenen Clans zu veräußern. Landbesitzvererbung war weiterhin nur in der männlichen Linie möglich. Töchter blieben von der Erbfolge ausgeschlossen. Sie erhielten bei ihrer Heirat eine Aussteuer (Haushaltsgeräte, Kleidung, Schmuck, Vieh) und zogen zu ihrem Ehemann. Einheirat war nicht erlaubt. Hatte ein Sherpa keine eigenen Söhne, so ging das Land an seine Brüder oder Neffen über oder fiel bei seinem Tod an den Clan zurück.

Diese Beschränkungen der individuellen Besitzrechte durch die übergeordneten Interessen der Gemeinschaft wurden jedoch in der Folgezeit nicht in allen *pargannā* strikt eingehalten. Insbesondere im Likhu- und Khimti-Tal, wo die einzelnen Clangemeinschaften über große Areale kultivierbaren Landes verfügten, wurde nach und nach die Einheirat gestattet. So läßt sich z. B. nachweisen, daß im Clangebiet der Sangba-Lama (103) die erste Einheirat vor vier Generationen erfolgte (vgl. S. 68). Dagegen blieb in den nahe der oberen Anbaugrenze gelegenen Siedlungen im nördlichen Solu-Tal, wo die Anbauflächen beschränkt sind, bis in die jüngere Zeit, z. T. sogar bis zur Gegenwart (vgl. das bei OPPITZ 1968, S. 91 angeführte Beispiel aus Junbesi) Einheirat untersagt.

Die einheiratenden Schwiegersöhne erhielten für sich und ihre Nachkommen die vollen Rechte eines *kipaṭiya*. So kam es mit der Zeit mancherorts zu einer mehr oder weniger ausgeprägten Sippenvermischung und damit — nach der auf S. 32 gegebenen Definition von *Clan* — zu einem Verfall der Clanorganisation. Die aus den lokalisierten Angehörigen patrilinearer Sippen oder Sippensegmente konstituierten Clans wurden zu Landbesitzgemeinschaften, deren Mitglieder sich aus Angehörigen mehrerer Sippen zusammensetzten. Die ursprüngliche Sippe behielt jedoch das zahlenmäßige Übergewicht.

Die Veräußerung noch unbesiedelter Teilgebiete aus dem Besitz der Clangemeinschaften bedurfte der Zustimmung aller *kipaṭiya*. Handelte es sich bei den Käufern um eine Sherpa-Clangemeinschaft, so wurde das Land deren Gemeinschaftsbesitz hinzugefügt. War der Käufer eine Privatperson, so ließ er das von ihm erworbene Areal in der Regel als selbständige *pargannā* registrieren. Eine Reihe der in Kapitel 3.2. erwähnten Clanterritorien sind auf diese Weise erst nach der Einführung des *kipaṭ*-Rechts (nach 1772) neu entstanden (z. B. die kleinen selbständigen Clans im Binasa-Territorium). Alle sind jedoch im *lāl mohar* von 1853 (Anhang 2) bereits angeführt.

Die den Truppen des Gurkha-Königs folgenden Angehörigen zentral- und westnepalischer Gruppen konnten im Sherpa-Gebiet zunächst keine amtlich registrierten Besitztitel erwerben. Auf Empfehlung der Regierung, die wohl an einer schnellen

Vermehrung des Steueraufkommens in den noch dünn besiedelten östlichen Landesteilen interessiert war, wurde ihnen von den *mijhār* aus den noch nicht in Dauerkultur genommenen Flächen Land zugeteilt. Die mit großen Viehherden anrückenden und bedeutende Flächen fordernden Chetri mußten dieses Land käuflich erwerben. Kleineren Gruppen und Einzelfamilien, deren Anwesenheit erwünscht (z. B. Bergarbeiter, Handwerker) und deren Flächenbedarf geringer war, wurde Land frei zugeteilt. Die Neuland Erwerbenden wurden *ḍhākre*[13] genannt und unterstanden dem jeweiligen Sherpa-*mijhār*. Sie mußten sich von ihm gegen die Entrichtung einer jährlichen Nominalabgabe (eine Ziegenkeule oder ein Huhn, gekochten Reis und Sauermilch), die *changributho* genannt wurde, ihr Siedlungsrecht jährlich neu bestätigen lassen. In größeren *ḍhākre*-Siedlungen, z. B. in den schnell anwachsenden Chetri-Orten des Likhu-Tals, ernannte der Sherpa-*mijhār* einen *ḍhākre* zum *mukhiyā* und beauftragte ihn mit der Steuererhebung und der Regelung öffentlicher Angelegenheiten. Der *mukhiyā* übergab die Steuern an den *mijhār* zur Weiterleitung an den *dwāre*.

Den Hauptteil der *ḍhākre*-Siedler in Solu stellten die Chetri im Likhu-Tal, die hier die von den Sherpa gemiedenen Talhänge unterhalb ca. 2100 m besetzten. Aber auch die Tamang- und Magar-Bergarbeiter gehörten dieser neuen Landbesitzerschicht an, da sie alle nebenberuflich etwas Anbau zur Selbstversorgung betrieben. Der Anteil der *ḍhākre* an der Gesamtbevölkerung und damit der Umfang der von ihnen kultivierten Flächen blieb jedoch gering. Die hochgelegenen Sherpa-Gebiete kamen für die das untere Siedlungsstockwerk bevorzugenden Bauern aus dem Westen für eine Ansiedlung nicht in Frage, soweit sie nicht, wie ein Teil der Tamang und Magar, aus anderen Gründen dazu veranlaßt wurden (vgl. S. 42).

In den *lāl mohar* von 1847 und 1853 (Anhang 2 und 3) wurden die *kipaṭ*-Rechte der Sherpa noch voll bestätigt. Ihre erste Beschneidung erfolgte im Jahre 1886. Die Regierung verfügte laut einer mir in Bamti vorgelegten Urkunde, daß alle *ḍhākre* die ihnen aus dem *kipaṭ*-Besitz der Sherpa zugeteilten und in Zukunft noch übereigneten Ländereien als *raikaṛ*-Land registrieren lassen konnten. Die *ḍhākre* scheinen von dieser Möglichkeit nur allzu willig Gebrauch gemacht zu haben, da damit das pachtähnliche Verhältnis zu den Sherpa gelöst und sie direkt dem Staat unterstellt wurden.

Mit diesem Schritt leitete die Regierung, die inzwischen einen funktionierenden Verwaltungsapparat in Ost-Nepal aufgebaut hatte und Verärgerungen der *kipaṭiya* in Kauf nehmen konnte, weitere Maßnahmen ein, die insgesamt auf einen Abbau der kollektiven Besitzrechte der Clangemeinschaften zugunsten einer individuellen Landbesitzordnung hinwirkten. Für den westlich des Likhu Kohla gelegenen Teil Solus (East No. 2, Ramechhap) wurde im Jahre 1924 verfügt, daß

---

[13] Das gleiche galt für Sherpa, die sich auf *kipaṭ*-Land der benachbarten Rai niederließen. Sie wurden *ḍhākre* der Rai. So haben die Bewohner der im Dudh Kosi-Tal gelegenen und erst nach 1800 gegründeten Sherpa-Siedlungen Chhanga, Hil, Lelung, Jube, Pangkongma, Kharikhola und Dzomshe (Kharte) niemals über eigenes *kipaṭ*-Land verfügt.

fortan auch die von den einzelnen Sherpa-Familien kultivierten Dauerfelder als *raikar*-Land zu registrieren seien. Gleichzeitig wurde die kollektive Besteuerung der Landbesitzgemeinschaften aufgehoben und durch eine individuelle Grundsteuer ersetzt.

Diese zweite Verordnung bedeutete in den betroffenen Gebieten praktisch das Ende der Clanstruktur. Die Gemeinschaft hatte nun keine rechtlich fundierte Verfügungsgewalt mehr über die von ihren Mitgliedern bewirtschafteten Felder und konnte somit nicht mehr verhindern, daß Land von Privatpersonen an clanfremde Sherpa und Angehörige anderer Volksgruppen veräußert wurde. Diese Situation machten sich im Likhu- und Khimti-Tal besonders die Chetri zunutze. Da ihre Landreserven praktisch erschöpft waren, versuchten sie nun Privatland aufzukaufen. Für die Sherpa waren die Angebote verlockend, zumal es weiterhin den bisherigen *kipatiya* gestattet war, in der Allmende neue Dauerfelder anzulegen, die dann automatisch zu *raikar*-Land wurden.

Im Jahre 1949 schließlich wurde im westlichen Solu (East No. 2) das *kipat*-System auch formal und damit endgültig abgeschafft. Ähnlich wie bei unseren Allmendseparationen teilte man das Gemeinschaftsland unter die berechtigten Bauern (die früheren *kipatiya*) auf und verwandelte es damit in *raikar*-Land. Dabei fand jedoch nicht alles Land Abnehmer. Steilhänge, steiniges und sumpfiges Gelände sowie weitab von den Siedlungen gelegene Areale und die Wald- und Mattengebiete oberhalb der Anbaugrenze blieben unregistriert. Zur Weidenutzung, Wildheu- und Holzgewinnung stehen sie als eine Art Restallmende nun allen Bewohnern offen.

Im *östlichen Solu* (East No. 3) nahm die Entwicklung einen anderen Verlauf. Die entscheidende Wende kam hier erst im Jahre 1942. Damals wurde jedoch nicht nur das Dauerackerland in *raikar*-Land umgewandelt, sondern die *tāluk* (so wurden inzwischen die *mijhār* genannt) ließen entweder in ihrem eigenen Namen oder im Namen aller bisherigen *kipatiya* auch das gesamte übrige Land einschließlich der Hochweidegebiete als *raikar*-Land registrieren, ohne daß eine Aufteilung vorgenommen wurde. Die Dauerfelder wurden dadurch als Individualbesitz ebenfalls frei veräußerbar. Das Wild-, Wald- und Weideland aber blieb auf diese Weise wie früher ausschließlich den ehemaligen *kipatiya* als Gemeinschaftsbesitz vorbehalten. Soweit die Registrierung nur im Namen des *tāluk* erfolgte, gilt dieser *de jure* als Alleinbesitzer. Aus der Sicht der Sherpa steht sein Name jedoch nur stellvertretend für alle Landbesitzgenossen. Manche der *tāluk* sollen ihre rechtliche Stellung schon mehrfach mißbraucht und eigenmächtig Teilareale oder Nutzungsrechte am Gesamtareal an clanfremde Personen verkauft oder verpachtet haben, ohne die Mitbesitzer an dem Erlös zu beteiligen. Die im östlichen Solu getroffene und noch heute gültige Regelung ist von großer Bedeutung für die Verbreitung der Wanderweidewirtschaft der Sherpa mit Yak und Dzo.

3.5. Die Kronweiden

Nicht erwähnt wurden bisher die in der Karte als *Kronweide* (*sarkāriyā kharkā*) gekennzeichneten Flächen im Khimti-, Likhu- und Solu-Tal. Es handelt bzw.

handelte sich früher dabei um Weideareale, welche ehemals regierungseigenen Wasserbüffel- und Rinderherden vorbehalten waren. Diese Areale mußten — wahrscheinlich bereits zur Zeit der Einführung des *kipaṭ*-Rechts oder bald darauf[14] — von den Sherpa an die Regierung abgetreten werden. Sie wurden unmittelbares Eigentum der Krone.

Zur Nutzung der im Khimti-Tal gelegenen Kronweiden erhielt ich von einem Chetri, der von 1930 bis 1954 als Aufseher der „Khimti-Herde" tätig war, die folgenden Informationen:

Die Khimti-Herde bestand aus etwa 90 Kühen und 300 Wasserbüffeln und war in sich noch einmal in sieben Teilherden mit getrenntem Weidegang gegliedert. Jede Teilherde wurde von drei bis fünf Hirten beaufsichtigt. Die Tiere weideten das ganze Jahr über im Khimti-Tal, wobei im jahreszeitlichen Wechsel auch weiter flußabwärts gelegene Kronweiden aufgesucht wurden.

Produktionsziel war die Erzeugung von Butterschmalz (*ghiu*) und die Aufzucht von Wasserbüffeln für den Verkauf als Schlachttiere. In Abständen von drei Jahren kamen Regierungsvertreter und versteigerten die Jungtiere an Händler aus der Umgebung. Die *ghiu*-Produktion der gesamten Herde wurde im voraus für ein oder mehrere Jahre an einen Interessenten gegen einen festvereinbarten Betrag (*goṭh kuwā*) verpachtet.

Der letzte *ghiu*-Pächter war ein Gurung aus dem Dudh Kosi-Tal. Sein Vertrag erlosch im Jahre 1951. Zu dieser Zeit politischer Wirren (Sturz des Rana-Regimes) wurde die Khimti-Herde von der Regierung regelrecht vergessen. Es wurde weder ein neuer Pächter eingesetzt, noch kümmerte sich jemand um den Verkauf der Jungtiere. Nach Auskunft des Informanten sollen die Hirten unter seiner Aufsicht den Weidebetrieb selbständig fortgesetzt haben. Erst im Jahre 1954 seien dann Regierungsbeamte erschienen, die alle Tiere zum halben Preis an die Bauern der Umgebung verkauften, die Herde also auflösten.

Teile der Kronweiden des oberen Likhu-Tals waren schon in früherer Zeit als Ackerland verpachtet worden. Gründungen auf Kronland vor etwa fünf Generationen sind z. B. die vornehmlich von Newar bewohnte Siedlung Chuchure und die Chetri-Orte Ilchire und Baluwa. Der direkt an die Regierung zu zahlende Pachtzins hieß ebenfalls *goṭh kuwā* und betrug z. B. in Chuchure acht Rupien jährlich. Inzwischen wurde auch dieses Land in *raikaṛ*-Besitz umgewandelt. Die restlichen um Garjang und Yelung gelegenen Kronweiden werden heute von Jiri aus genutzt, wo das „Schweizer Hilfswerk" auf einer ehemaligen Kronweide eine Musterfarm mit eigener Büffelzucht errichtet hat.

In Bhandar haben die Sherpa den Kronweidebezirk in die Allmendeseparation miteinbezogen und als *raikaṛ*-Land registrieren lassen. Die übrigen Kronweiden des oberen Likhu-Tals sind nach Auskunft der dortigen Bewohner schon vor mehreren Generationen an Chetri verpachtet und im Jahre 1949 ebenfalls in *raikaṛ*-Land umgewandelt worden. Das gleiche dürfte für den Bezirk um Roshi im Solu-

---

[14] Die Kronweiden sind bereits in einem *lāl mohar* aus dem Jahre 1828 als Einrichtung erwähnt (wiedergegeben bei OPPITZ 1968, 62).

Tal gelten. Die ehemalige *sarkāriyā kharkā* um Phaphlu im Solu-Tal gelangte gegen Ende des vergangenen Jahrhunderts in den Besitz des einflußreichen Sherpa Sangye Lama aus Junbesi, dessen Nachkommen die einzigen Großgrundbesitzer im Untersuchungsgebiet darstellen. Während sonst die Landbesitzordnung der Sherpa auf der Basis der Clanstruktur nur bescheidenen Individualbesitz zuließ, bedeutete diese Großgrundbesitzerschicht ein neues Element, auf das im folgenden Abschnitt eingegangen wird.

3.6. Die Entstehung einer Großgrundbesitzerschicht

Sangye Lama (1856—1939) war *tāluk* von Junbesi und persönlicher Freund des ehemaligen Herrschers über Nepal Bhir Shamsher Jang Bahadur (1885—1901). Von diesem erhielt er die etwa 300 ha große *sarkāriyā kharkā* von Phaphlu für eine *goṭh kuwā* von 16 Rupien jährlich mit der Auflage, dort 16 Familien anzusiedeln. Als Siedler wählte Sangye Lama ausschließlich Angehörige seines eigenen Clans aus Junbesi. Jede dieser Familien hatte sich mit einer Rupie jährlich an der *goṭh kuwā* zu beteiligen. Sie durften jedoch nur soviel Land in ihren Besitz bringen, wie sie selbst ohne fremde Hilfe bewirtschaften konnten, also jeweils nicht mehr als einige Hektar. Sie ließen sich geschlossen in dem heutigen Ort Surke (Pikyongma) nieder. Das gesamte übrige Land betrachtete Sangye Lama als seinen persönlichen Besitz. Er selbst ließ sich in Phaphlu nieder und setzte in der Umgebung eine größere Zahl von arbeitslos gewordenen Tamang-Bergarbeiter und Kami-Hüttenarbeiter als Teilbaupächter an. Sie hatten die Hälfte der Erträge an ihn abzuliefern, und jeder arbeitsfähige Mann mußte sich ihm darüber hinaus für mehrere Tage im Jahr als unbezahlte Arbeitskraft zur Verfügung stellen.

In der Folgezeit verstand es Sangye Lama, seinen Landbesitz und seinen Reichtum noch weiter zu mehren. So soll ihm zunächst auf der britischen Militärexpedition gegen Tibet 1903—1904 (Younghusband Expedition) auf Empfehlung der nepalischen Regierung die Organisation und Beaufsichtigung der Trägerkolonnen übertragen worden sein. Diese Tätigkeit soll ihm die nötige finanzielle Basis für seine weiteren Aktivitäten verschafft haben. Bald darauf übernahm er das Amt des *dwāre* von Solu-Khumbu und damit die Verpflichtung, die von der Regierung festgesetzten Steuern einzutreiben und in Kathmandu abzuliefern. Von den lokalen Steuereinnehmern wurde die Abgabe in der Regel in Form von Naturalien entrichtet. Die Umrechnung in Rupien erfolgte nach amtlich festgelegten Sätzen, welche um ein Vielfaches unter dem tatsächlichen Handelswert lagen. Durch den Verkauf der Naturalabgaben konnte der *dwāre* folglich einen hohen Gewinn erzielen. Da dafür in der Umgebung jedoch kein Absatzmarkt bestand, mußten diese mit Trägern entweder zur Hauptstadt Kathmandu geschafft oder nach Tibet oder Indien exportiert werden. Sangye Lama baute daher gleichzeitig ein großes Handelsnetz auf, das von Lhasa in Tibet bis nach Kalkutta reichte. Mit Ausnahme der Monsunmonate Juni bis Oktober waren für ihn ständig große Trägerkolonnen unterwegs. Seine Handelstätigkeit beschränkte sich dabei nicht nur auf landwirtschaftliche Produkte. Von den Sherpa in Namche Bazar

Abb. 18: Haus eines wohlhabenden Sherpa in Phaphlu.
House of a wealthy Sherpa in Phaphlu.   Photo: W. Limberg, 6. Nov. 1967

hatte er die Konzession für den Tibet-Handel erworben, wofür er dort alle zehn
Jahre das größte Fest des Jahres, das Dumje-Fest, finanzierte. Wie die Sherpa
von Namche Bazar importierte er die verschiedensten tibetischen Produkte (insbesondere Salz, Wolle und Wollwaren), die zum Teil auch für den indischen Markt
bestimmt waren, und von Indien führte er insbesondere Fertigwaren nach Tibet
ein[15].

Sangye Lama hatte das Amt des *dwāre* über mehr als drei Jahrzehnte bis zu
seinem Tod im Jahre 1939 inne. In dieser Zeit konnte er weitere umfangreiche
Ländereien in seinen Besitz bringen; denn nicht immer war es den einzelnen *tāluk*
möglich, den Steuerverpflichtungen voll nachzukommen, und in manchen *pargannā* summierten sich die Rückstände zu beträchtlichen Beträgen, die dann nur
durch Veräußerung von *kipaṭ*-Land an den *dwāre* getilgt werden konnten. Auf
dieses Land setzte Sangye Lama dann wiederum Pächter an. Im Laufe der Jahre
brachte er es zu so großen Reichtum, daß er z. B. einem seiner Söhne in Tibet ein
Lama-Kloster erbauen und ihn dort als Abt einsetzen konnte. Weiterhin finanzierte er auch den Bau des Klosters Chiwang bei Phaphlu.

---

[15] Soweit der Tibethandel überhaupt noch möglich ist, haben heute noch die Bewohner
von Namche Bazar in Solu-Khumbu das Handelsprivileg für Tibet. Sherpa des übrigen Khumbu
müssen, wie ich erfuhr, als Voraussetzung eigenen Tibethandels ein Haus oder einen Haus-
teil in Namche Bazar besitzen oder mieten.

Die ehemalige *sarkāriyā kharkā* von Phaphlu und die weiteren über ganz Solu-Khumbu verstreuten Landbesitzungen Sangye Lamas sind heute unter seine Enkel und Urenkel aufgeteilt. Wenn deren Besitzungen für einen Außenstehenden auch nicht im einzelnen feststellbar sind, so zeugen doch ihre großzügig ausgestatteten dreistöckigen Häuser (Abb. 18) von beträchtlichem Wohlstand, der sie weit über die Masse der Sherpa und der übrigen Bewohner Solu-Khumbus hervorhebt.

4. DIE ENTWICKLUNG DES LANDBESITZ- UND SIEDLUNGS-GEFÜGES AM BEISPIEL DES BHANDAR-PANCHAYATS, WEST-SOLU

4.1. Einführung und Überblick

Der großräumige Überblick soll nun durch eine exemplarische Untersuchung zur Siedlungsgenese und der mit ihr einhergehenden Landbesitzaufteilung in dem Gemeinde-Panchayat *Bhandar* (Likhu-Tal) ergänzt werden. Ich stütze mich dabei auf die Auswertung meiner großmaßstäblichen Landbesitzkartierung (Beilage 3), die ich dort im August 1965 zusammen mit einer Anbaukartierung (Beilage 4) durchführte.

Als Kartierungsgrundlage diente ein Plan im Maßstab 1:5.000, der eigens für diesen Zweck von Professor Dipl.-Ing. Erwin Schneider nach dem in Abb. 19 zur einen Hälfte wiedergegebenen Meßbildpaar angefertigt worden war. Dieser Plan enthält die Höhenlinien mit einer Äquidistanz von 10 m, Wasserläufe, wichtigste Fußwege, Waldbedeckungen und Haussignaturen. Die Grenzen der Besitzparzellen erhob ich im Gelände nach Angaben einheimischer Gewährsleute. Ihre Eintragung erfolgte anhand der zahlreichen in der Karte enthaltenen Orientierungspunkte und -linien, durch Abschreiten und zum Teil auch Abschätzen. Ein exaktes Ausmessen wäre in dem überwiegend steilen und stark terrassierten Gelände und auch allein schon wegen der Größe der Kartierungsfläche von ca. 15 km² in dieser Zeit unmöglich gewesen. Das Besitzliniennetz hat somit nicht die Genauigkeit eines Katasterplanes. Die Abweichungen dürften jedoch nicht wesentlich sein.

Als weitere Hilfsmittel standen mir — neben zahlreichen mündlichen Informationen — die Haushaltslisten und die Genealogien der beiden wichtigsten Verwandtschaftsgruppen (Lama-Sherpa und Karki-Chetri, Abb. 20 und 24) zur Verfügung.

Das kartierte Gebiet umschließt die südliche Hälfte der Gemarkungsfläche des Bhandar-Panchayats mit rund 85% der ackerbaulich genutzten Fläche und 435 der insgesamt 491 Wohnstätten. Nicht erfaßt wurde der nördliche Bereich, bei dem es sich überwiegend um Waldgebiete und wenig kultivierte Steilhänge handelt. Die dort gelegenen Wohnplätze Thapra (25 Häuser), Manidanda (6 H.), Gorunda (5 H.), Chitading (7 H.), Pekarnasa (5 H.), Talche (4 H.), Chamaru (9 H.) und Balding (4 H.) werden nicht in die Betrachtung einbezogen.

Die innerhalb des kartierten Gebietes ansässigen 2308 Bewohner (1965) sind auf eine Vielzahl lockerer Gruppensiedlungen verstreut, die oft ohne klare Grenzen ineinander übergehen und sich über eine Vertikaldistanz von fast 1400 m erstrecken. Mit Roshi (1500—1800 m ü. M.) ist die niedrigste und mit Deorali (2800 m) eine der höchsten bäuerlichen Dauersiedlungen Solus erfaßt.

Die Verteilung der Bevölkerung auf die einzelnen Wohnplätze und ihre ethno-

Abb. 19: Das Bhandar-Panchayat am Westhang des Likhu Khola. *Bhandar Panchayat.*

Photo: E. Schneider

TABELLE/TABLE 2: Die Verteilung und ethnosoziale Gliederung der Bevölkerung im kartierten Gebiet des Bhandar-Panchayats (Einwohner/Haushalte) / Distribution of ethnic groups in Bhandar-Panchayat (E. = inhabitants, H. = households)

Wohnplatz Place	Khamba Sherpa E.	H.	Khamba Tibeter E.	H.	Chetri E.	H.	Bahun E.	H.	Kami E.	H.	Damai E.	H.	Gharti Bhujel E.	H.	Gharti Yemba E.	H.	Tamang E.	H.	Magar E.	H.	Newar E.	H.	Gurung E.	H.	Gesamt Total E.	H.
Bamti	—	—	—	—	395	70	9	1	67	13	49	8	15	4	—	—	—	—	—	—	—	—	3	—	538	96
Bhandar	80	17	—	—	21	4	—	—	4	1	10	2	23	4	—	—	13	2	—	—	—	—	—	—	151	30
Chaba	—	—	—	—	37	7	—	—	—	—	—	—	—	—	—	—	—	—	—	—	—	—	—	—	37	7
Changma	23	4	10	1	23	4	3	1	—	—	—	—	—	—	—	—	—	—	—	—	22	3	—	—	81	13
Chhukarbo	20	6	—	—	1	—	6	1	7	1	—	—	14	2	—	—	—	—	—	—	—	—	—	—	48	10
Deorali	134	21	—	—	—	—	—	—	—	—	—	—	—	—	—	—	—	—	—	—	—	—	—	—	134	21
Dokarpa	19	4	—	—	—	—	—	—	—	—	—	—	2	1	1	1	—	—	—	—	—	—	—	—	22	5
Gaichepe	40	6	—	—	—	—	—	—	—	—	—	—	—	—	—	—	—	—	—	—	—	—	—	—	40	6
Garja	4	1	—	—	—	—	—	—	—	—	5	1	—	—	77	12	—	—	—	—	—	—	—	—	86	14
Gupadanda	21	3	—	—	—	—	—	—	—	—	—	—	—	—	—	—	11	2	—	—	—	—	—	—	32	5
Gyangtar	33	8	—	—	—	—	—	—	—	—	—	—	—	—	—	—	—	—	—	—	—	—	—	—	33	8
Jhareni	30	6	—	—	—	—	—	—	—	—	—	—	—	—	—	—	—	—	5	1	—	—	—	—	35	7
Jumma	5	1	—	—	24	6	—	—	2	1	—	—	18	4	8	1	—	—	—	—	—	—	—	—	57	13
Kahare	—	—	—	—	—	—	—	—	—	—	—	—	—	—	16	4	—	—	—	—	—	—	—	—	16	4
Lumbu	29	7	4	1	—	—	—	—	—	—	—	—	—	—	11	2	—	—	—	—	—	—	—	—	44	10
Panga	—	—	—	—	110	22	—	—	70	15	46	8	42	6	—	—	—	—	—	—	—	—	—	—	268	51
Roshi	—	—	—	—	338	66	—	—	111	24	—	—	25	4	—	—	—	—	—	—	—	—	—	—	363	70
Shertu	66	12	—	—	7	1	—	—	—	—	7	1	—	—	—	—	7	2	—	—	—	—	—	—	198	40
Sim	73	15	—	—	—	—	—	—	—	—	—	—	—	—	—	—	—	—	—	—	—	—	—	—	73	15
Sotarmu	27	5	4	1	—	—	—	—	—	—	—	—	11	3	10	1	—	—	—	—	—	—	—	—	52	10
Ges./Total:	604	116	18	3	956	180	18	3	261	55	117	20	150	28	123	20	31	6	5	1	22	3	3	—	2308	43

Quelle: Panchayat-Einwohnerlisten 1964, ergänzt durch eigene Erhebungen 1965.
Sources: Village panchayat registers 1964 supplemented by W. LIMBERG in 1965.

soziale Gliederung sind der Tabelle 2 (S. 61) zu entnehmen. Mit 41,4% stellen die Chetri den weitaus größten Teil der Einwohnerschaft. Die alteingesessenen Sherpa dagegen machen nur noch etwa ein Viertel aus. Bemerkenswert hoch ist der Anteil der Unberührbaren (Kami und Damai) und der früheren Sklaven. Die Vertreter der übrigen Gruppen fallen demgegenüber kaum ins Gewicht.

Die Siedlungsdichte (vgl. Beilage 3) nimmt von unten nach oben ab; entsprechend ändert sich die durchschnittliche Parzellengröße. Besonders weit fortgeschritten ist die Parzellierung in Bamti und Roshi, d. h. in den Kernsiedlungen der Chetri, während hangaufwärts die Besitzeinheiten größer werden.

Alle farbig angelegten Parzellen befinden sich in Individualbesitz (*raikar*). Sie werden bis auf wenige in Teilpacht vergebene Feldstücke von den Eigentümern selbst bewirtschaftet. Die weiß gelassenen Flächen sind entweder öffentliche Plätze (Schule, Markt, Wasserstellen, Kultplätze) oder sie stellen eine Art Restallmende dar, die von den Anliegern als Viehweide bzw. zur Gewinnung von Brennholz und Schneitelfutter genutzt wird.

Die blauen Farbtöne kennzeichnen das Land in Sherpa-Besitz, die roten Farbtöne das Land der Chetri-Bauern. Weiterhin sind noch die Besitzflächen der Kami und Damai (braun) und der früheren Sklaven (gelb) hervorgehoben. Der Rest (grün) entfällt auf die Angehörigen der übrigen Gruppen, die durch zusätzliche Buchstaben differenziert werden. Bei den Sherpa und Chetri, den beiden dominierenden Landbesitzgruppen, wurde eine weitere Differenzierung nach der Sippenzugehörigkeit vorgenommen.

Die Karte zeigt klar die vertikale Zonierung in zwei Siedlungsstockwerke: Die unterhalb ca. 2100 m gelegenen Hänge sind ganz überwiegend von Chetri besetzt, während nach oben die Sherpa immer stärker in den Vordergrund treten. Zwischen Bamti und Shertu ist ein großes, recht geschlossenes Kami-Viertel zu erkennen, und auch in Panga schließen sich die Wohnstätten der Kami und Damai jeweils zu separaten Vierteln zusammen. Die früheren Sklaven sind vornehmlich in Garja, Kahare und Jumma konzentriert. Die drei Newar-Familien leben in Changma, wo sie am Hauptverbindungsweg zwischen Khimti- und Likhu-Tal einen Verkaufsladen betreiben.

Die Chetri von Bamti gehören ganz überwiegend der Karki-Sippe (in Beilage 3 hervorgehoben) und die Chetri von Roshi und Panga der Basnet-Sippe an. Bei den Sherpa dominieren die Lama (-serwa). Im Nordostteil um den Ort Bhandar, der dem Panchayat seinen Namen gegeben hat, herrscht jedoch die Trakto-Sippe vor. Der Okhaldhunga Khola bildet hier die Grenze zwischen den ehemaligen Clanterritorien der Lama von Sangba und der Trakto von Sagar-Baganje. Zu diesem gehörte auch das Gebiet der heutigen Orte Roshi, Panga und Jumma.

Damit ergibt sich ein erstes Kriterium für die Untergliederung der Panchayat-Gemarkung: Sie ist aus Teilarealen der früheren Steuerbezirke Sangba und Sagar-Baganje hervorgegangen (vgl. Beilage 2). Ausgliedern läßt sich weiterhin der ehemalige Kronweidebezirk zwischen Chhukarpo Khola und Taro Khola.

Wie bereits erwähnt (S. 49), sind die diesseits des Likhu Khola gelegenen Teile des Steuerbezirks Sagar-Baganje bei der in der zweiten Hälfte des 19. Jahrhunderts durchgeführten Verwaltungsreform abgetrennt worden, wobei das Trakto-Gebiet um Bhandar (mit den weiter nördlich gelegenen Arealen) und der Chetri-Ort Roshi mit Panga und Jumma jeweils zu selbständigen Steuerbezirken (*tālukdāri*) wurden. Zur gleichen Zeit wurde auch das Chetri-Dorf Bamti aus dem Bezirk Sangba herausgelöst und zu einem selbständigen *tālukdāri*.

Die Grenzen dieser nun insgesamt vier Steuerbezirke

Sangba	Roshi mit Panga und Jumma
Bamti	Bhandar

und des Kronweidebezirks sind in Kartenbeilage 3 eingetragen. Am Beispiel des Sherpa-Bezirks Sangba und des Chetri-Dorfs Bamti soll die Siedlungsentwicklung in diesem Raum nun näher untersucht werden.

4.2. Der Sherpa-Bezirk Sangba

Der Bezirk Sangba entspricht dem ehemaligen Clanterritorium der Sangba-Lama, das über die Grenzen des Bhandar-Panchayats hinausreichte und jenseits des Rückens von Deorali die oberen Hänge des Khimti Khola sowie ausgedehnte Hochweidegebiete nördlich Deorali umfaßte (vgl. Kartenbeilage 2). Mit Ausnahme von Buldanda (Chuchure Panchayat) liegen jedoch alle Dauersiedlungen innerhalb des kartierten Gebietes im Bhandar-Panchayat. Es handelt sich dabei um die Wohnplätze Changma, Deorali, Dokarpa, Gaichepe, Garja, Gupadanda, Gyangtar, Jhareni, Lumbu, Shertu, Sim und Sotarmu mit insgesamt 93 Sherpa-Haushalten (s. Tabelle 2, S. 61). Nach der patrilinearen Abstammung ergibt sich folgende Sippenzugehörigkeit:

64 Lamaserwa	2 Pankarma
14 Trakto	2 Salaka
7 Lakshindo	1 Chiawa
3 Gole	

Alle 64 Lamaserwa-Familien leiten sich in direkter männlicher Linie von dem Ahnherrn und Clangründer *Ralwa Dorje* ab, der vor rund 13 Generationen, also noch vor der Mitte des 17. Jahrhunderts[16], sein Heimatdorf Junbesi verließ und

---

[16] Diese Annahme steht in Widerspruch zu OPPITZ (1968, 86), der die Einwanderung von Ralwa Dorje zwischen 1725 und 1750 ansetzt. In dem Stammbaum (Beilage „Genealogie der Lamaserwa aus dem Raume Deorali-Bhandar"), den OPPITZ aus meinen Erhebungen zur Verfügung gestellt bekam, fehlen jedoch nach seiner Wiedergabe die ersten drei Generationen nach Ralwa Dorje, nämlich Ralwa Dorjes Sohn Thutop Dorje, der Enkel Kaji Tile und der Urenkel Dzamyamg Tendzin. Dessen Söhne, also die Ururenkel Ralwa Dorjes, Tashi Topku, Chongba Tendzin und Temba Chotar erscheinen in der Übersicht von OPPITZ somit als Ralwa Dorjes Söhne. — Stellt man das richtig und rechnet nun von den Erwachsenen sämtlicher noch lebender Familienzweige im Bhandar-Gebiet zurück, so kommt man auf 12 bis 15 Generationen (unterschiedliche Generationsabstände!) seit Ralwa Dorjes Einwanderung. Unter der Annahme eines mittleren Generationsabstandes von 25 Jahren (den auch OPPITZ zugrundelegt) erreicht man Ralwa Dorje zur Zeit seiner Einwanderung kaum nach 1640.

von den Sunwar des Likhu- und Khimti-Tals das Sangba-Territorium erwarb. Die Haushaltsvorstände der übrigen 29 Sherpa-Familien sind entweder sippenfremde Ehemänner von Lamaserwa-Töchtern oder Nachkommen eingeheirateter Schwiegersöhne.

Der Stammbaum der Lamaserwa von Sangba ist in Abb. 20 wiedergegeben. Darin eingeschlossen sind die infolge Einheirat hinzugekommenen Familien anderer Sippenzugehörigkeit. Die Symbole für diese sippenfremden Personen sind mit einem Punkt versehen.

Im Gegensatz zu dem Stammbaum der Karki-Chetri von Bamti (Abb. 24), der mir komplett mit allen Verzweigungen vorgelegt wurde, mußte ich den Stammbaum der Lamaserwa durch Zusammenfügen der nur für die einzelnen Linien schriftlich fixierten Genealogien rekonstruieren. Daher konnten zumindest in den weiter zurückliegenden Generationen erloschene Linien und Abwanderer nicht mehr erfaßt werden. So darf auch nicht mit Hilfe des Stammbaums auf die Siedlungsdichte in einer bestimmten Generation nach Ralwa Dorje geschlossen werden. Im Laufe der mehr als 300 Jahre ist es nach der mündlichen Überlieferung des öfteren zu größeren Bevölkerungsverlusten durch Seuchen gekommen. Für die zurückliegenden Generationen konnte auch die Reihenfolge der Geburten nicht mehr bestimmt werden. Die Anordnung in dem Stammbaum ist daher zufällig, und es kommt nicht zu der an sich zu erwartenden Abnahme der Generationszahl von links nach rechts. Töchter sind nur aufgeführt, wenn es zu einer Einheirat kam oder sie unverheiratet sind, aber einen eigenen Haushalt bilden. Ebenso wurden Ehefrauen nur aufgenommen, wenn der Mann gestorben ist. Im allgemeinen kennzeichnen die letzten Glieder die Haushaltsvorstände. Die im Hause lebenden Kinder sind nicht mit aufgeführt. Die von links nach rechts fortlaufende Numerierung entspricht den Hausnummern in Kartenbeilage 3. In Klammern gesetzte Ziffern bedeuten, daß die betreffenden Personen keinen selbständigen Haushalt bilden. Das trifft z. B. für Vater und unverheirateten Sohn zu oder auch für verheiratete Geschwister, die noch keine eigenen Häuser gebaut haben.

Mündlichen Überlieferungen zufolge soll der Clangründer Ralwa Dorje seinen Wohnsitz im unteren Teil des heutigen Bamti errichtet haben. Tatsächlich fand ich dort auf der Chan Danda in 1750 m Meereshöhe einige *mani*-Steinplatten, die auf eine ehemalige Sherpa-Siedlung hindeuten. Die tiefe sommerheiße und malariagefährdete Lage habe den Lebensgewohnheiten der Sherpa jedoch nicht auf die Dauer entsprochen. Der Enkel Kaji Tile habe daher den Hauptwohnsitz um 500 m hangaufwärts verlegt. Er wurde zum Gründer des heutigen Shertu (sherp.: *Shertong*). Auf den Feldern in Bamti habe man weiterhin Reis angebaut und die dortigen Gebäude als Talnebensiedlung zunächst beibehalten. Der Sherpa-Name *Dashing* (Reisfeld) für Bamti unterstützt diese Überlieferung.

Im Stammbaum ist für die ersten drei Generationen nach Ralwa Dorje jeweils nur ein Nachkomme verzeichnet. Als Ursache für die Stagnation nannte man mir die erhöhte Sterblichkeit in der tiefen Lage, die schließlich zur Verlegung des Wohnplatzes geführt habe. Trotzdem kann bereits eine Verzweigung der Linie statt-

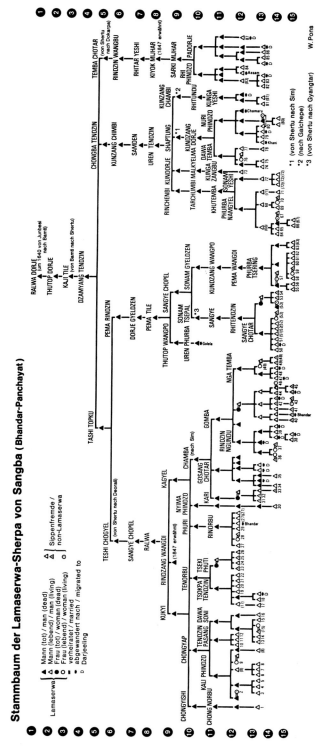

Abb. 20: Stammbaum der Lamaserwa-Sherpa von Sangba, Bhandar-Panchayat.

Genealogy of the Lamaserwa Sherpa of Sangba, Bhandar Panchayat.

gefunden haben, da einzelne Nachkommen noch abgewandert sein können, z. B. weiter nach Westen ins Khimti-Tal.

Erst im fünften Glied tauchen drei Brüder auf namens Tashi Topku, Chonba Tendzin und Temba Chotar. Temba Chotar zog von Shertu nach Dokarpa. Die heute dort ansässigen Familien (Nr. 82—87) stammen von ihm ab.

Tashi Topku und Chongba Tendzin blieben in Shertu. Es ist sehr wahrscheinlich, daß sie — ebenso wie noch heute eine Reihe von Sherpa-Familien, insbesondere aus Deorali — neben dem Ackerbau eine Wanderweidewirtschaft mit Dzomo[17] betrieben haben. Die Wanderweidewirtschaft mag dann zur Gründung von Deorali (sherp.: *Changmela*) geführt haben und zwar zunächst als Nebensiedlung zu Shertu und später dann als ganzjährig bewohnte Hauptsiedlung. Die *dzomo*-Herden müssen nämlich mit Ausnahme weniger Winterwochen das ganze Jahr über oberhalb der Höhe von Shertu gehalten werden. Ihre Sommerweidegebiete liegen oberhalb der Waldgrenze weit nördlich am Fuß des Numbur-Massivs; im Herbst steigt man mit den Herden hinab in die Stufe des immergrünen Höhen- und Nebelwaldes (ca. 2400—3100 m) in der Umgebung Deoralis, wo Schneitellaub die wichtigste Futterbasis bildet.

Falls die mündlichen Überlieferungen und meine Rückschlüsse zutreffen, haben die Sherpa von Shertu im 18. Jahrhundert eine Staffelwirtschaft betrieben, die sich von den Reisfeldern in Bamti in 1750 m Meereshöhe bis zu den höchsten Almweiden am Numbur-Massiv in rund 4500 m Meereshöhe über eine Vertikaldistanz von etwa 2750 m und eine Horizontaldistanz von rund 20 km erstreckte[18]. Zusätzlich zu dem Hauptwohnsitz in Shertu (2250 m) besaßen sie feste Nebensiedlungen in Bamti (1750 m) und Deorali (2800 m) und Almhütten oberhalb der Waldgrenze.

Eine solche Staffelwirtschaft kann nur bewältigt werden, wenn in einer Familie wenigstens zwei erwachsene männliche Arbeitskräfte vorhanden sind, von denen sich der eine jeweils mit weiteren Familienangehörigen oder sonstigen Hilfskräften um die Felder und der andere um das Vieh kümmert. In einer Familie mit zwei Söhnen kann dann beim Erbgang dem einen das Ackerland und dem anderen die Viehherde zugesprochen werden. Als Folge einer solchen Erbteilung ist wahrscheinlich in der sechsten Generation Deorali zur Dauersiedlung geworden. Von Tashi Topkus Söhnen bleibt Pema Rindzin in Shertu, während Teshi Chogyl nach Deorali übersiedelt. Alle heute in Deorali wohnhaften Lamaserwa (Nr. 1 bis 8, 14, 16, 17, 19 bis 22) stammen in direkter männlicher Linie von ihm ab; die sippenfremden Haushalte (Nr. 9, 23 bis 26) sind durch Einheirat hinzugekommen.

In Deorali sind aufgrund der Höhenlage die Anbaumöglichkeiten sehr gering (vgl. Kapitel 5.2.). Da zu jener Zeit die Kartoffel noch nicht bekannt war, kamen

---

[17] Weibliches Kreuzungsprodukt zwischen Yak und Rind.

[18] Eine ähnliche Staffelwirtschaft betreiben noch heute einige Sherpa-Familien aus Gyapchhuwa (2600 m) und Golela (3000 m) auf der gegenüberliegenden Talseite des Likhu Khola. Ihre Naßreisfelder liegen in 1500 m, ihre Sommerweiden am Pike reichen bis über 4000 m Meereshöhe. Sie verfügen über Yak-, Dzomo- und Wasserbüffelherden mit getrennten, vertikal gestaffelten und jahreszeitlich wechselnden Weidegängen.

nur Buchweizen und Rüben als Feldfrüchte in Frage. Die neuen Bewohner von Deorali waren zwar in erster Linie Viehzüchter, sie wollten aber sicherlich nicht, sobald die eigenen Kinder herangewachsen waren und als Arbeitskräfte zur Verfügung standen, auf den Anbau von Getreide auf den eigenen Feldern verzichten. So wurde unterhalb Deorali in Lumbu (sherp.: *Lhomsa*) und Jhareni oder Sim (sherp.: *Chhukebuk*) Land gerodet. Man errichtete dort auch feste Gebäude, in denen man während der Feldarbeiten und in den kältesten Winterwochen lebte. Aus diesen Nebensiedlungen wurden dann später wieder Dauersiedlungen, als einzelne Nachkommen sich in den temporär bewohnten Gebäuden fest niederließen[19]. Die Mehrzahl der in Sim und Jhareni ansässigen Familien läßt sich auf Chamba aus der Linie des Teshi Chogyel zurückführen. Eine weitere Gruppe geht auf Shaptung aus der Linie des Chongba Tendzin aus Shertu zurück. Diese beiden Sherpa aus der neunten bzw. zehnten Generation nach Ralwa Dorje waren offenbar die ersten Dauersiedler in diesem Bereich des Clanterritoriums. Etwa gleichzeitig errichtete Kunzang Chambi, ein Bruder Shaptungs, seinen Hauptwohnsitz in dem oberhalb Shertu gelegenen Gaichepe, und Sonam Tsepal, ein Nachkomme des Pema Rindzin zieht von Shertu nach Gyangtar (sherp.: *Dzomdingma*). Sotarmu (sherp.: *Sadamche*) ist erst in jüngster Zeit ebenfalls von Shertu her besiedelt worden.

In der sechsten Generation, also zur Zeit Teshi Chogyels, Pema Rindzins, Kunzang Chimbis und Rindzin Wangbus, muß der Anschluß Ost-Nepals und damit auch des Sherpa-Gebietes an das Gurkha-Reich erfolgt sein. Inzwischen sind mindestens 130 Jahre seit der Landnahme durch Ralwa Dorje vergangen, und es lassen sich nur vier Familien nachweisen, deren Nachkommen heute noch im Bhandar-Gebiet leben.

Etwa eine Generation später, zu Anfang des 19. Jahrhunderts, läßt sich der erste Chetri im Clanterritorium der Lamaserwa nieder. Sein Name ist Jodhan Karki. Mit ihm kommen sein Adoptivsohn Bishen Basnet und je eine Kami- und eine Damai-Familie sowie einige Sklaven. Jodhan Karki erhält von den Sherpa die gesamte Ortsflur des heutigen Bamti. Die Sherpa von Shertu geben also den eigenen Anbau in ihrem untersten Wirtschaftsstockwerk auf und beziehen fortan den Reis von den Chetri. Die Aufsiedlung von Bamti durch die Nachkommen dieser Chetri-Zuwanderer wird im nächsten Kapitel (4.3.) gesondert betrachtet.

Rindzang Wangdi (9. Generation) aus der Linie des Tashi Topku und Kiyok Mijhar (8. Generation) aus der Linie des nach Dokarpa gezogenen Temba Chotar werden in dem *lāl mohar* aus dem Jahre 1847 (Anhang 3) „An die *mijhār, mijhār gorcha* und die übrigen *kipaṭiya* des Likhu-Gebietes im Bezirk Solu" namentlich erwähnt. Rindzang Wangdi wird als Steuereinnehmer für die *parganā* Sangba genannt. Von seinem Clangenossen heißt es in der Urkunde: „Kiyok Mijhar kann sich weiterhin der Rechte über das *kipaṭ*-Land von Sangba mit Ausnahme des zwischen Chhukarbo Khola, Taro Khola und dem Wald von Sim gelegenen Gebietes erfreuen." Mit dem zwischen Chhukarbo Khola, Taro Khola und dem Wald

---

[19] Noch heute verfügen drei Sherpa-Familien aus Deorali über ein Nebenwohnhaus in Lumbu.

5°

von Sim gelegenen Gebiet ist der Kronweidebezirk von Sangba gemeint. Kiyok war also zu jener Zeit der Clanvorsteher der Lamaserwa-Sherpa von Sangba. Er wird hier stellvertretend für alle Clanmitglieder angesprochen.

Die virilokale Siedlungsweise und das mit ihr einhergehende patrilineare Vererbungsgesetz wurde zum ersten Mal vor vier Generationen (Vorfahre von Nr. 40 bis 45) durchbrochen, als ein Lakshindo-Sherpa aus Gumdel die einzige Tochter eines reichen Lamaserwa aus Changma heiratete. Der Schwiegersohn erhielt die gleichen Rechte an dem Gemeinschaftsland wie die übrigen Clanmitglieder. In der Folgezeit gab es zunächst nur vereinzelte weitere Einheiraten wie z. B. die eines Trakto-Sherpa nach Deorali (Vater von Nr. 23 bis 26) und die eines anderen Trakto nach Gupadanda (Vater bzw. Großvater von Nr. 31 bis 33). Seit der Ablösung des *kipaṭ*-Rechts durch das *raikaṛ*-Recht bestehen praktisch keinerlei Beschränkungen mehr. Zwar wird die virilokale Siedlungsweise aufgrund der Gewohnheit noch bevorzugt, aber sehr häufig erhalten Töchter, selbst wenn sie zu ihrem Mann ziehen, als Mitgift ein Stück Land.

Solange unter dem *kipaṭ*-Recht nur die Dauerfelder in Individualbesitz waren, existierten aufgrund der geringen Siedlungsdichte kaum zusammenhängende Fluren. Es bestanden auch keine ausgeprägten Unterschiede in den Landbesitzgrößen; denn da kaum ein Absatzmarkt für Anbauprodukte bestand, bewirtschaftete jede Familie nur soviel Land, wie sie zur Deckung des eigenen Bedarfs benötigte. Wenn ein männliches Clanmitglied heiraten und einen eigenen Hausstand gründen wollte, baute es sich unter Mithilfe seiner Angehörigen entweder in der Nähe des väterlichen Wohnsitzes oder aber auch an irgendeiner anderen, ihm mehr zusagenden Stelle im Gemeinschaftsland ein Haus und legte in dessen unmittelbarer Umgebung eigene Dauerfelder an. Haus und Feld des Vaters gingen in der Regel an den zuletzt heiratenden, d. h. gewöhnlich den jüngsten Sohn über. Es kam somit auch nicht zu einer Besitzzersplitterung mit Gemengelage. Nur die Bewohner von Deorali besaßen, wie oben erwähnt, schon immer Felder in der Umgebung von Lumbu und zum Teil auch auf der Khimti-Seite in Dadhuwa, wo sie insbesondere Mais, Fingerhirse und Weizen anbauten.

Der bisher beschriebene Vorgang der Siedlungsentwicklung im Sangba-Bezirk dürfte typisch sein für die Aufsiedlung von Sherpa-Clanterritorien: Am Anfang stand immer eine Einzelsiedlung, die im Laufe der Generationen zu einer lockeren Gruppensiedlung anwuchs. Da es den Nachkommen des Clangründers jedoch freistand, sich an einem beliebigen Platz im Gemeinschaftsland niederzulassen, entstanden gleichzeitig verstreut liegende Filialsiedlungen, die ihrerseits ebenfalls Ansatzpunkte neuer Gruppensiedlungen bildeten (Abb. 21 und 22).

Bis um das Jahr 1925 waren die Hänge des Steuerbezirks Sangba (aus dem der Chetri-Ort Bamti 1886 als selbständiges *tālukdāri* ausgeschieden war) ausschließlich von Sherpa und einigen in Sherpa-Haushalten beschäftigten Yemba bewohnt. Das gesamte Land befand sich noch in den Händen der Sherpa, sei es als Gemeinschaftsland oder als privat genutztes Dauerackerland. Zwischenzeitlich sollen allerdings für einige Jahrzehnte dort noch mehrere Tamang-Familien ansässig gewesen sein und nach Eisenerzen gegraben haben.

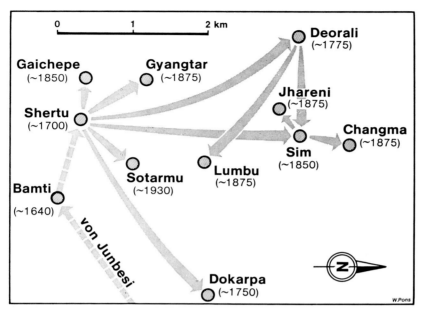

Abb. 21: Der Aufsiedlungsvorgang im Clanterritorium der Lamaserwa-Sherpa von Sangba. Die Jahreszahlen geben jeweils den ungefähren Zeitpunkt der ersten Dauersiedlung an. *Spread of settlements in the clan territory of the Lamaserwa Sherpa of Sangba.*

Die Tamang werden teilweise für die rücksichtslose Waldvernichtung verantwortlich gemacht. Nach Auskunft des im Jahre 1965 achtzigjährigen Dal Bahadur Basnet aus Bamti sollen noch um die Jahrhundertwende größere Waldkomplexe an den Hängen um Gyangtar, Sotarmu und Lumbu vorhanden gewesen sein. An der fast völligen Vernichtung dieser Wälder waren aber auch die Chetri nicht unbeteiligt. Vor 1886 waren sie als *ḍhākre* der Sherpa berechtigt gewesen, auch oberhalb Bamti ihr Vieh zu halten und die Wälder zur Gewinnung von Schneitelfutter zu nutzen. Später behielten sie diese Gewohnheit mit stillschweigender Duldung der Sherpa bei. Als sie dann jedoch um die Jahrhundertwende begannen, auf dem *kipaṭ*-Land der Sherpa Felder anzulegen und Anträge auf Registrierung dieser Felder als *raikar*-Land stellten, protestierten die Sherpa. Es kam zu einem Rechtsstreit, der sich über mehr als ein Vierteljahrhundert bis zur obersten Instanz in Kathmandu hinzog und das bis dahin gutnachbarliche Verhältnis zwischen Sherpa und Chetri empfindlich störte. Dem schließlich im Jahre 1929 ergangenem Urteil ist zu entnehmen, daß die mit der Landregistrierung im Jahre 1886 beauftragten Beamten den *lāl mohar* von 1853 (Anhang 2) für ungültig erklärt und zerrissen hatten. Die Chetri beriefen sich darauf und bestritten die *kipaṭ*-Rechte der Sherpa. Die Sherpa dagegen bestanden auf ihre traditionellen Besitzrechte und betrachteten weiterhin alles nicht von ihnen in Dauerkultur genommene Land als ihr Gemeinschaftseigentum. Die Klage der Chetri wurde abgewiesen und die Gültigkeit des *lāl mohar* von 1853 durch das Gericht bestätigt.

Inzwischen hatte jedoch die neue Verordnung über Landbesitz aus dem Jahre

Abb. 22: Phera (Damserte), eine typische lockere Sherpa-Gruppensiedlung in Solu. Charakteristisch sind auch die Hausformen. Das Sherpa-Haus ist in der Regel zweigeschossig. Es trägt ein Flachsatteldach mit Holzschindelbedeckung und Steinbeschwerung. Der Eingang befindet sich bei der ursprünglichen Form auf der Traufseite. Die aus roh behauenen Bruchsteinen bestehenden Außenwände sind weiß getüncht. Das Erdgeschoß wird von Wirtschaftsräumen eingenommen, die als Speicher für Brennholz, Laub und Kartoffeln und als Stall für das Kleinvieh dienen. Aus dem Erdgeschoß führt eine Treppe in den Hauptwohnraum, der das ganze obere Stockwerk einnimmt. Dieser ist zugleich Küche und Schlafraum. In größeren Sherpa-Häusern ist an einer Seite ein kleiner Raum abgetrennt, der als eine Art Privatkapelle dient. In jüngerer Zeit ist besonders im südlichen Shorong ein Trend zur dreigeschossigen Bauweise festzustellen, wobei das Prestigedenken eine sehr große Rolle spielt.
Phera (Damserte), a typical dispersed Sherpa settlement in Solu.

Photo: W. Limberg, 6. Nov. 1967

1924 die Situation verändert. Wie bereits ausgeführt (S. 53f.), mußten nun die einzelnen Sherpa-Familien ihr Privatland als *raikaṟ*-Land registrieren lassen. Dadurch wurde es auch an Clanfremde veräußerbar, d. h. die Chetri konnten nun neues Ackerland aus privatem Sherpa-Besitz erwerben.

Ihre Interessen richteten sich zunächst auf die Hänge von Chaba und Panga. Dort fand ein regelrechter Verdrängungsprozeß statt. Vor 1924 waren, von ein paar Kami- und Damai-Familien abgesehen, je drei Sherpa-Familien die alleinigen Bewohner von Panga und Chaba gewesen. Im Jahre 1965 befand sich gerade noch eine Parzelle in Panga im Besitz eines Sherpa, der allerdings auch schon nach Darjeeling abgewandert war und das Feldstück an einen Chetri verpachtet hatte. Zwei der alten Sherpa-Häuser waren noch erhalten und wurden von Chetri

bewohnt. In Panga fand ich auch noch einen halbzerfallenen lamaistischen Dorftempel mit Chorten und Mani-Mauern.

Die Zeit um 1925 war aber auch noch aus einem anderen Grund von Bedeutung
für die weitere Siedlungsentwicklung im Bhandar-Gebiet: Die Sklaven der Chetri
und Sherpa wurden von der Regierung losgekauft und erhielten kleine Feldstücke
zugewiesen, soweit sie nicht abwanderten oder als Dienstboten bei ihren früheren
Herren blieben. Der Ort Garja entstand in der Folgezeit als fast reine Yemba-
Siedlung.

Die Kami im unteren Teil von Shertu haben sich dort wohl auch erst nach 1925
angesiedelt, indem sie ihr ursprüngliches Wohnviertel am oberen Rande von Bamti
nach und nach in das darüberliegende Sherpa-Land ausweiteten. Da die Sherpa
ebenfalls ihre Dienstleistungen in Anspruch nahmen und nehmen, dürften sie den
Kami dieses Land frei zugeteilt haben.

Die freie Siedlungsentfaltung kam mit der endgültigen Ablösung des *kipaṭ*-
Landbesitzsystems und der mit ihr einhergehenden Allmendseparation im Jahre
1949 zum Stillstand. Bis auf einige Flächen von geringerer Bodenqualität wurde
das gesamte unterhalb der Getreidegrenze (hier ca. 2800 m) gelegene Gemeinschaftsland unter die Clangenossen aufgeteilt. Dabei erhielt zwar jede Familie
mehr Land, als sie regelmäßig bestellen kann (vgl. die großen, ausschließlich als
Wechselland genutzten Flächen auf der Anbaukarte, Beilage 4), aber dieses Land
wird nun bei jedem Erbgang aufgeteilt.

Für den bei der Allmendseparation angewandten Aufteilungsschlüssel konnten
mir keine klaren Angaben gemacht werden. Die heute recht beträchtlichen Besitzunterschiede (s. S. 83f.) deuten darauf hin, daß die einflußreichsten Familien
sich die größten und auch am günstigsten gelegenen Anteile sichern konnten.
Andererseits sollen sich auch manche Familien aus der Befürchtung heraus, die
dann fällige Grundsteuer nicht aufbringen zu können, freiwillig mit relativ kleinen
Flächen begnügt haben.

Mit der Einführung des *raikar*-Landbesitzsystems hat sich die Einstellung der
Sherpa zu Grund und Boden tiefgreifend geändert. Früher hatten sie dem individuellen Landbesitz keinerlei Bedeutung zugemessen. Solange das Land nicht
von Privatpersonen an Clanfremde veräußert werden konnte, besaß es keinen
Verkaufswert, denn die Angehörigen des eigenen Clans kamen als Käufer kaum
in Frage; sie konnten ja jederzeit auf das im Überfluß vorhandene Gemeinschaftsland zurückgreifen. Nun war es plötzlich knapp und kostbar geworden und stellte
einen wichtigen Besitzfaktor von steigendem Wert dar. Insbesondere von den
Chetri aus Bamti und Roshi, wo die Landreserven völlig erschöpft sind, wird der
Preis ständig in die Höhe getrieben. Verkäufer sind besonders abwandernde Sherpa-
Söhne, die heute nicht mehr wie früher auf ihre Rechte verzichten müssen. Sie
lassen sich nun ihren Erbanteil zuweisen, um ihn dann zu veräußern. Auf diese
Weise sind, wie die Landbesitzkarte zeigt, innerhalb weniger Jahrzehnte bereits
beträchtliche Flächen in den Besitz von Angehörigen anderer Volksgruppen, allen
voran Chetri, übergegangen.

4.3. Die Chetri-Siedlung Bamti

4.3.1. Großfamilie und Erbgewohnheiten der Chetri

Die aus dem Clangebiet der Sangba-Lama zu Anfang des vergangenen Jahrhunderts herausgelöste Ortsflur von Bamti bedarf einer besonderen Betrachtung. Obwohl die Chetri ebenfalls in patrilineare, virilokale Verwandtschaftsgruppen gegliedert sind, d. h. die Besitzrechte an Grund und Boden nur in der männlichen Linie vererbt werden, verlief in Bamti die Entwicklung des heutigen Besitzgefüges dennoch nach anderen Gesetzen. Eigentümer war bei den Chetri schon früher nicht die Clangemeinschaft, sondern die Großfamilie (engl. *joint family*). Bei jeder Aufspaltung einer Großfamilie wurde — und wird auch heute noch — der gesamte Landbesitz einschließlich der nicht in Dauerkultur genommenen Flächen unter die aus ihr hervorgehenden neuen Familieneinheiten aufgeteilt.

Eine voll ausgebildete Großfamilie umfaßt drei Generationen:

1. den Vater mit seiner Ehefrau bzw. mit seinen Ehefrauen (Polygynie!),
2. seine Söhne und deren Ehefrauen sowie die noch unverheirateten Töchter,
3. seine Enkelkinder.

Die Zusammensetzung einer solchen Familie kann an einem konkreten Beispiel aus Bamti veranschaulicht werden (Abb. 23 A).

Alle Familienmitglieder bilden eine Wirtschaftsgemeinschaft, jedoch nicht unbedingt auch eine Wohngemeinschaft. Einzelne Söhne können bereits ein separates Wohngebäude bezogen haben und dort einen selbständigen Haushalt führen. In polygynen Ehen sind die einzelnen Frauen meist auf verschiedene Siedlungen verteilt und leben dort mit den von ihnen geborenen Kindern.

Das von der Großfamilie gemeinsam bewirtschaftete Land gilt nicht als Individualeigentum des Familienoberhauptes. Jeder in die Familie hineingeborene männliche Nachkomme erhält mit der Geburt ein unstreitbares Anrecht auf einen Teil des Landes. Solange sich die Familie nicht aufspaltet, bleibt sein Anteil jedoch unfixiert. Der Aufteilungsschlüssel liegt allerdings jederzeit fest: Vater und Söhne sind gleichberechtigte Miteigentümer. Der ihnen jeweils zustehende Anteil verringert sich mit der Geburt jedes weiteren Sohnes bzw. vergrößert sich wieder mit dem vorzeitigen Tod eines der Berechtigten. In einer Familie mit drei Söhnen gehört also jedem Sohn ein Viertel des Landes; das restliche Viertel entfällt auf den Vater. Wird einem der Söhne ein männlicher Nachkomme geboren, so steht diesem die Hälfte des Anteils seines Vaters zu, also ein Achtel des Gesamtfamilienbesitzes usw.

In der oben angeführten Beispielfamilie aus Bamti (Abb. 23 A) verteilen sich demnach die Anteile der männlichen Familienmitglieder wie in Abb. 23 B dargestellt.

Spätestens wenn eine Großfamilie voll ausgebildet ist, d. h. alle Söhne und auch die Töchter verheiratet sind, spaltet sie sich auf. Zu diesem Zeitpunkt muß nun

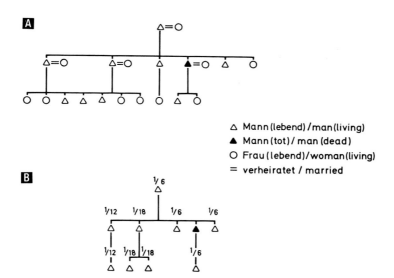

Abb. 23: Zusammensetzung einer Chetri-Großfamilie aus Bamti (A) und Anteile der männlichen Familienmitglieder am gemeinsamen Landbesitz (B).
Composition of a Chetri joint-family from Bamti (A) and shares of the male members in the family-land (B).

das Land separiert werden. Die Söhne bilden mit ihren Kleinfamilien jeweils eine neue Besitz- und Wirtschaftsgemeinschaft, die dann im Laufe der folgenden Generation wiederum zur Großfamilie heranwächst. Der Vater überträgt seinen Anteil in der Regel sogleich oder später einem der Söhne, der dafür die Sorgepflicht für die Eltern übernimmt. Es kommt jedoch auch vor, daß sich ein noch rüstiges Familienoberhaupt nach der Aufspaltung eine jüngere Frau nimmt und mit ihr einen neuen Haushalt gründet. Die eventuell aus dieser Verbindung hervorgehenden Söhne haben dann natürlich nur Anspruch auf einen Teil des väterlichen Restbesitzes. Häufig führt auch die Absicht des Vaters, noch einmal zu heiraten, auf Drängen der bereits erwachsenen Söhne zur vorzeitigen Teilung, damit ihr Anteil nicht weiter geschmälert werden kann. In diesem Fall scheiden nur der Vater und die bereits verheirateten Söhne aus, während die unverheirateten Söhne zunächst noch mit ihrer leiblichen Mutter oder auch einem der verheirateten Brüder einen gemeinsamen Haushalt beibehalten. Da ihre Anteile bereits lokalisiert sind, können sie sich jedoch jederzeit, z. B. bei ihrer Heirat, selbständig machen.

Veräußerung von Land aus dem Besitz der Großfamilie ist nur statthaft, wenn diese Maßnahme im Interesse der Gesamtfamilie liegt und alle erwachsenen Berechtigten zustimmen. Besteht ein einzelner auf den Verkauf seines Anteils, weil er vielleicht abwandern will, so muß entweder die Teilung vollzogen werden, oder die Familie muß ihn anderweitig abfinden. Bei Veräußerung ist den nächsten Angehörigen ein Vorkaufsrecht einzuräumen. Generell wird der ersatzlose Verkauf von Boden verurteilt, da er die ökonomischen Grundlagen der kommenden

Generationen schmälert. Jeder Chetri hat eine moralische Unterhaltspflicht gegenüber den Nachkommen. Aus dieser Verpflichtung heraus ist auch der starke Druck der Chetri auf die Landreserven der ihnen benachbarten Volksgruppen zu verstehen. Den Bewohnern von Bamti wären infolge der starken natürlichen Bevölkerungszunahme, die die polygyne Familienstruktur mit sich bringt, schon längst die Wirtschaftsgrundlagen entzogen, wenn nicht jede Generation auf den Neuerwerb außerhalb ihres Wohnsitzes bedacht gewesen wäre. Die hangaufwärts siedelnden Sherpa wurden davon, wie oben dargelegt, erst in jüngerer Zeit betroffen. Sehr viel mehr Land wurde bei den Sunwar im südlich anschließenden Kansthali-Panchayat erworben[20]. Einige Chetri sind ganz nach dort abgewandert, andere haben sich im Gumdel-Panchayat in den Orten Patkare und Balding niedergelassen, wo bereits Jodhan Karki, der Ortsgründer von Bamti, ausgedehnte Areale als Winterweideland für seine Rinder- und Wasserbüffelherden von den dortigen Sherpa erworben hatte. Die meisten Chetri-Familien von Bamti besitzen somit heute Land an zwei bis drei oder auch mehr Plätzen außerhalb ihres Heimatortes.

Die Bewirtschaftung dieser über eine Gesamtdistanz bis zu 20 km (Kansthali — Bamti — Gumdel) verteilten Felder bringt einige Probleme mit sich. Insbesondere die Entfernung zwischen Bamti und Gumdel (15 km Fußweg) ist so groß, daß sie zur Zeit der Feldarbeit nicht täglich zurückgelegt werden kann. Man muß die zu weit entfernt liegenden Felder entweder in Halbpacht vergeben oder aber darauf ein Nebenhaus errichten. Der Bau eines Nebenhauses ist in der Regel mit einer zweiten Heirat verbunden. Die zweite Frau, die zugleich eine billige zusätzliche Arbeitskraft darstellt, bleibt ständig in dem Nebenhaus wohnen und leistet dort den Hauptteil der Feldarbeit. Nur der Ehemann pendelt je nach Bedarf zwischen den beiden Häusern hin und her. Einige Chetri haben auch drei Häuser mit je einer Ehefrau an verschiedenen Orten. Bei der späteren Erbteilung wird ein Nebenhaus meist zum Hauptwohnsitz eines der Söhne, der dort dann auch seinen Anteil am Feldland erhält. Der Familienbesitz im Heimatort wird dann nur unter die übrigen Berechtigten aufgeteilt.

4.3.2. Die erste Erbteilung

Die rund 168 ha große Gemarkung wurde zu Beginn des 19. Jahrhunderts von dem Chetri Jodhan Karki erworben. Sie bildete also in der ersten Generation einen einzigen geschlossenen Besitzblock. Im Jahre 1965, nach sechs bis sieben Generationen, war sie in insgesamt 224 Besitzparzellen aufgesplittert, die wie folgt verteilt waren:

---

[20] L. CAPLAN (1970) berichtet aus dem Gebiet der Limbu (östlichstes Nepal) eindrucksvoll darüber, wie die Brahmin dort durch Geldverleih usw. die Einheimischen in Schulden zu treiben verstanden und diese dann durch Übernahme von Land tilgten. Derartiger Methoden bedienen sich auch die Chetri im Untersuchungsgebiet, wie mir vielfach mitgeteilt wurde.

Gruppe	Zahl der Haushalte	Zahl der Parzellen	
Karki-Chetri	49	130	
Basnet-Chetri	21	41	
Kami	13	22	
Damai	8	8	
Gharti	3	5	
Bahun (Brahmin)	1	1	(Nutznießung)
Ausmärker		17	

Von den 17 Parzellen in ausmärkischem Besitz entfielen 11 Parzellen auf Karki-Chetri, die sich erst in jüngerer Zeit außerhalb Bamtis niedergelassen haben, und sechs Parzellen auf Bahun-Familien aus Siruwa und Yarmakhu am jenseitigen Talhang des Likhu Khola, die früher in Bamti priesterliche Funktionen ausgeübt und das Land als Schenkungen erhalten hatten.

Den Kami (Schmiede) und Dami (Schneider) war das Land ursprünglich zur freien Nutzung zugeteilt worden. Bei der Landregistrierung im Jahre 1949 gingen diese Parzellen in ihren festen Besitz über. Die Gharti (ehemalige Sklaven) erhielten ihr Land von ihren früheren Herren geschenkt, für die sie weiterhin tätig waren.

Mit einer Ausnahme sind alle in Bamti ansässigen, männlichen Chetri direkte Nachkommen des Ortsgründers Jodhan Karki bzw. seines Adoptivsohnes Bishen Basnet.

Die räumliche Verteilung der Besitzparzellen der beteiligten Gruppen geht aus der Landbesitzkarte (Beilage 3) hervor. Sie erlaubt eine erste Untergliederung der Flur in drei Bezirke. Am linken oberen Rand sind die Wohnstätten und Felder der Kami geschlossen beieinander. In mittlerer Höhe am rechten Rand läßt sich der ebenfalls ziemlich geschlossene Bereich der Basnet-Chetri von Bamti mit einigen Damai-Parzellen aussondern. Dazwischen erstreckt sich der große, von der oberen bis zur unteren Ortsgrenze reichende Bezirk der Karki-Chetri. Eine Basnet-Familie lebt außerhalb des eigenen Ortsteiles auf Karki-Gebiet. Insgesamt befinden sich nur fünf Karki- und drei Basnet-Parzellen im Bereich der anderen Sippen.

Der Ahnherr der Basnet-Chetri von Bamti, Bishen Basnet, soll bei der ersten Erbteilung in gleicher Weise berücksichtigt worden sein wie die übrigen Söhne des Ortsgründers Jodhan Karki. Bishen erhielt als seinen Anteil den heute vorwiegend von seinen patrilinearen Nachkommen bewohnten Bezirk.

Wie der Stammbaum der Karki-Chetri von Bamti (Abb. 24) zeigt, gliedern sich die Karki in drei Hauptlinien, die auf die drei Söhne Jodhans namens Bagh Singh, Saba Singh und Rana Madan zurückgehen. Die Linie Bagh Singh umfaßt heute in Bamti 30, die Linie Saba Singh 13 und die Linie Rana Madan 5 Haushalte. Hinzu kommen zwei Haushalte von Karki-Töchtern und ihren sippenfremden Ehemännern, bei denen das Prinzip der virilokalen Siedlungsweise durchbrochen wurde.

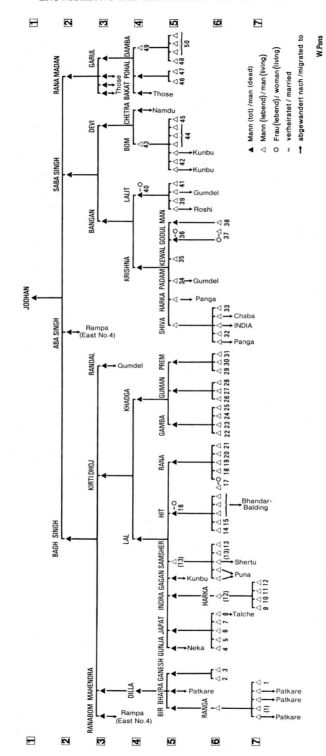

Abb. 24: Stammbaum der Karki-Chetri von Bamti.
Genealogy of the Karki-Chetri of Bamti.

In dem Stammbaum sind die insgesamt 50 Haushalte von links nach rechts fortlaufend numeriert. Diese Nummern habe ich in Abb. 25 in die zu jedem Haushalt gehörenden Parzellen übertragen. Alle übrigen Parzellen wurden mit Klein-

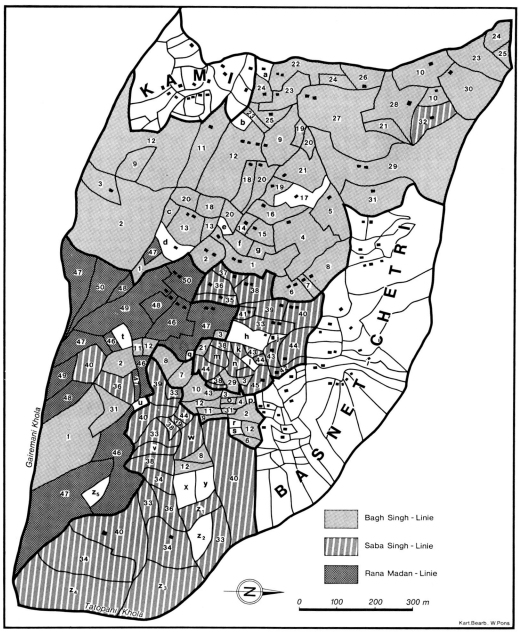

Abb. 25: Flurgliederung von Bamti nach der ersten Erbteilung. Die Parzellen der Nachkommen der drei Söhne des Ortsgründers Jodhan Karki sind unterschiedlich gerastert.
Reconstruction of the first land partition in Bamti.

buchstaben in der Reihenfolge des Alphabetes versehen, ausgehend vom oberen Ortsrand.

Wenn man nun in Abb. 25 die Parzellen naher verwandter Familien heraussucht, so stellt man sehr häufig eine Nachbarschaftslage fest. Durch Zusammenfügen dieser Parzellen können somit die Besitzgrenzen in der jeweils zurückliegenden Generation ermittelt werden. Zum Beispiel: Das Land, das von den Hausparzellen 4, 5, 6, 7 und 8 eingenommen wird, muß sich einmal im geschlossenen Besitz von Japat befunden haben. Bei der Erbteilung wurde es unter ihm und seinen fünf Söhnen aufgeteilt. Bei Japats Tod fiel dessen Anteil an den jüngsten Sohn (Nr. 8).

Die Nachbarschaftslage von Parzellen naher verwandter Familien ist in den oberen Ortsteilen von Bamti besonders deutlich ausgeprägt, z. B. 22, 23, 24, 25 oder 35, 36, 37, 38. An den unteren steileren Hängen zum Tatopani und Gairemani Khola hin liegen die Parzellen dagegen ungeordnet nebeneinander. Diese Flächen wurden erst im Jahre 1949 als Folge der zunehmenden Landverknappung aufgeteilt und — soweit möglich — terrassiert. Die steileren Hänge sind noch heute bewaldet.

Um zunächst die bei der ersten Erbteilung erfolgte Aufgliederung des Karki-Bezirks zu rekonstruieren, habe ich in Abb. 25 alle Parzellen der heutigen Nachkommen Bagh Singhs, Saba Singhs und Rana Madans mit unterschiedlichen Rastern belegt. Es zeigt sich, daß sich der gesamte obere Ortsteil nahezu geschlossen im Besitz der Bagh Singh-Linie befindet. Der linke untere Teil gehört überwiegend zur Rana Madan-Linie. Zwischen diesem und dem Basnet-Bezirk erstreckt sich, unterbrochen von einem Naßreisparzellenkomplex der Bagh Singh-Linie, der Besitz der Saba Singh-Linie. Die verstärkt ausgezogenen Linien müssen in etwa mit den bei der ersten Erbteilung festgelegten Besitzgrenzen identisch sein.

Der Bezirk der Bagh Singh-Linie nimmt mehr als die Hälfte des gesamten Karki-Bezirks ein. Das bedeutet jedoch nicht, daß entgegen den oben dargelegten Vererbungsgesetzen der erste Sohn bevorzugt wurde. Es können verschiedene Gründe für diese ungleiche Aufteilung maßgebend gewesen sein. So kann Jodhan, falls er bei der Teilung noch lebte, seinen Anteil mit dem des Bagh Singh zusammengelegt und bei diesem seinen Lebensabend verbracht haben. In die Teilung wurden aber auch die außerhalb Bamti gelegenen Besitzungen Jodhans einbezogen, so daß die jüngeren Söhne dort entsprechend größere Anteile erhalten konnten. Sicherlich wurde auch berücksichtigt, daß die Anbaubedingungen in den höheren Lagen von Bamti weniger günstig sind. So liegt dieser gesamte Ortsteil der Bagh Singh-Linie oberhalb der Rentabilitätsgrenze des Naßreises (vgl. S. 106 und Beilage 4). Damit Bagh Singh nicht auf den Anbau von Naßreis verzichten mußte, wurde für ihn ein bewässerbarer Block an der Untergrenze der damaligen Ortsflur ausgesondert. Die im Anteil des Rana Madan gelegenen Parzellen von Nachkommen Bagh Singhs sind erst in jüngerer Zeit nach der Aufteilung der unteren Hänge hinzugekauft worden.

Die vier Kärtchen in Abb. 26 veranschaulichen die von Generation zu Generation fortschreitende Besitzzersplitterung als Ergebnis der Erbteilung in den

Abb. 26: Entwicklung des Besitzliniengefüges in der Flur von Bamti zwischen der 3. und der 6. Generation.
Further land partitions in Bamti.

nachfolgenden vier Generationen. Dabei muß berücksichtigt werden, daß das wiedergegebene Besitzliniengefüge sich zeitlich nicht einheitlich entwickelt: Durch unterschiedlich lange Generationsabstände, bedingt durch die Altersunterschiede zwischen jeweils ältestem und jüngstem Sohn, kommt es zu einer zeitlichen Verschiebung, wie es der Stammbaum (Abb. 24) deutlich zeigt. Die Haushaltsvorstände auf der linken Seite gehören bereits zur sechsten bzw. siebten Generation, während ganz rechts noch die vierte bzw. fünfte Generation vertreten ist. Es ist daher sinnvoller, die Entwicklung in den drei Linien gesondert zu betrachten.

4.3.3. Die Erbteilungen in der Bagh Singh-Linie

Von den vier Söhnen[21] Bagh Singhs wanderte der älteste, Rana Bom, nach Rampa im Arun-Gebiet (East No. 4) ab, wo sich schon sein Onkel Aba Singh angesiedelt hatte. Randal, der jüngste Sohn, erhielt seinen Anteil bei Gumdel. Der Besitz in Bamti wurde unter Mahendra und Kirti Dhoj aufgeteilt (Abb. 26a). Die Nachkommen Mahendras zählen heute nur drei Haushalte. Sie haben ihre Wohnhäuser und ihr Regenfeldland am unteren linken Rand des Komplexes in Nachbarschaftslage. Der große Rest entfällt auf die 28 Haushalte, die sich von Kirti Dhoj ableiten. Im Bewässerungskomplex lassen sich nur die Parzellen von Nachkommen Kirti Dhojs klar zusammenfügen. Im rechts daneben gelegenen Teil haben größere Veränderungen durch Verkäufe stattgefunden. Die größte Parzelle befindet sich jedoch noch im Besitz eines Nachkommens Mahendras, so daß vermutlich in der dritten Generation das ganze Stück an Mahendra übergegangen ist.

Mahendra hatte nur einen Sohn, Dilla, der den väterlichen Besitz geschlossen übernahm (Abb. 26b). In der Familie des Kirti Dhoj kam es wiederum zu einer Zweiteilung. Der jüngere Sohn erhielt den oberen rechten Teil des Regenfeldkomplexes. Das Bewässerungsland wurde nicht unterteilt. Es ging geschlossen an Lal über. Khadga dürfte außerhalb Bamtis Naßreisland erhalten haben.

In der fünften Generation (Abb. 26c) wurden die drei Besitzblöcke im oberen Teil von Bamti unter insgesamt zehn Nachkommen aufgeteilt, und zwar Dillas Besitz unter die beiden Söhne Bir und Ganesh, Lals Besitz unter seine fünf Söhne Japat, Indra, Samsher, Hit und Rana, Khadgas Besitz unter die Söhne Gamba, Guman und Prem. Zwei weitere Söhne Lals und ein Sohn Dillas erhielten jeweils Land außerhalb Bamti. Das Bewässerungsland Lals entfiel je zur Hälfte auf Japat und Indra. Die Aufteilung von Dillas Naßreisland kann nicht mehr geklärt werden. Zumindest das Mittelstück muß an Ganesh gefallen sein, da es sich heute in Besitz seines Sohnes Lila befindet. Das oben und unten anschließende Land ist in kleinere Parzellen aufgeteilt, die unterschiedlichen Besitzern gehören und von diesen wahrscheinlich aufgekauft worden sind.

Lals Sohn Indra wurde um das Jahr 1880 geboren. Er war zu Beginn dieses Jahrhunderts mitsamt seinem ausmärkischen Eigentum einer der größten Land-

---

[21] In dem Stammbaum sind nur jene Söhne enthalten, die noch heute lebende Nachkommen in Bamti haben oder von denen bekannt ist, daß sie sich außerhalb Bamtis niedergelassen haben. Infolge der sehr hohen Kindersterblichkeit — es wurde mir berichtet, daß von zehn Kindern im Durchschnitt nur sechs das Erwachsenenalter erreichen — erleben selten alle Söhne den Zeitpunkt der Erbteilung.

besitzer unter den Chetri von Bamti. Sein Sohn Harka berichtete mir, daß Indra bei der Sklavenbefreiung im Jahre 1924 allein 30 Sklaven besaß, die seine Felder bearbeiteten und seine 50 Rinder und 60 Wasserbüffel betreuten. Seine 300 Schafe wurden auf ihren jahreszeitlichen Wanderungen zwischen den Sommerweiden auf den Almen der Lama-Sherpa von Sangba nördlich Bhandar-Deorali und den Winterweiden auf der Südseite der Mahabharat Lekh von Gurung-Lohnhirten beaufsichtigt.

Indras Besitz ging in der nächsten Generation geschlossen an seinen einzigen Sohn Harka über (Abb. 26 d). Auch Bir und Ganesh hatten nur je einen Erben. Bei den Brüdern Indras und seinen Vettern Gamba, Guman und Prem mußte dagegen das Land unter jeweils mehreren Söhnen aufgesplittert werden. Damit sind wir in der heutigen Generation angelangt. Eine weitere Erbteilung ist inzwischen nur in der Familie des Harka erfolgt, deren Ergebnis an den Parzellennummern in Abb. 25 abgelesen werden kann. Für seinen zweiten Sohn, Hikmat (Nr. 10), konnte Harka ein Stück Land aus dem Besitz von Gumans jüngstem Sohn (Nr. 28) erwerben. Eine kleine Parzelle daraus vergab Hikmat an einen bei ihm beschäftigten Gharti in Halbpacht. Die unterhalb anschließenden Grundstücke 32 und 21 gingen ebenfalls von Gumans jüngstem Sohn, der aufgrund einer Notlage zu dem Verkauf gezwungen war, an die heutigen Eigentümer über.

Als Folge der kontinuierlichen Erbteilungen sind die Anbauflächen einer Reihe von Familien so sehr zusammengeschrumpft, daß sie weitere Unterteilungen kaum noch zulassen. Die Abwanderung hat schon in den letzten beiden Generationen deutlich zugenommen und wird sich in Zukunft sicherlich noch verstärken. So haben allein drei von Rangas Söhnen ihren Hauptwohnsitz in Patkare bei Gumdel. Auch Ranga selbst wohnt jetzt dort bei einem dieser Söhne. Der jüngste Sohn blieb in Bamti (Nr. 1). Mit ihm zusammen lebt ein unverheirateter Bruder. Von Gagans Söhnen übersiedelten zwei nach Puna und einer hangaufwärts ins Sherpa-Gebiet von Shertu. Einem der Söhne aus Puna gehört die Parzelle c. Japats jüngster Sohn wohnt jetzt in Bhandar-Talche und drei Söhne von Hit in Bhandar-Balding (außerhalb des kartierten Gebiets).

Bei der Parzelle e handelt es sich um eine öffentliche Wasserstelle. Das Grundstück d soll schon vor mehreren Generationen an eine Damai-Familie abgetreten worden sein. Die Hausparzelle Nr. 17 war bei der Erbteilung in der Familie Ranas an den ältesten Sohn Dal gefallen. Dieser verkaufte das Grundstück an seinen Schwager Ganesh Basnet. Mit dem Erlös ging Dal nach Indien, von wo er nicht mehr zurückkehrte. Seine kinderlose Frau wohnte 1965 allein in Dals Haus (Nr. 18).

Die Grenze gegen das Kami-Viertel ist sicherlich nicht schon bei der ersten Erbteilung gezogen worden. Bis zur Landregistrierung im Jahre 1949 galt das Kami-Land als Eigentum der Bagh Singh-Linie. Im Laufe der Generationen haben sich die Kami allmählich nach unten in den Bagh Singh-Komplex und nach oben ins Sherpa-Gebiet ausgedehnt. Heute müssen sie zusätzliches Land käuflich erwerben. Das ist ihnen jedoch aufgrund ihrer schlechten wirtschaftlichen Situation, die sich am deutlichsten in dem erbärmlichen Zustand ihrer kleinen Häuser und Hütten manifestiert, nur schwer möglich.

4.3.4. Die Erbteilungen in der Saba Singh-Linie

Der zur Bagh Singh-Linie gehörende Bewässerungslandkomplex untergliedert das Land der Saba Singh-Linie in zwei Parzellenkomplexe (Abb. 25). Im unteren Komplex befinden sich, mit Ausnahme von fünf Parzellen, nur Felder der Unterlinie Bangan. Bei der ersten Erbteilung in der Linie des Saba Singh müssen also die unteren Hänge dem ältesten Sohn Bangan zugesprochen worden sein. Auch im oberen Komplex, der bereits in das Bewässerungsland hineinreicht, fielen etwa zwei Drittel der Gesamtfläche an Bangan. Devi erhielt den kleineren unteren Teil (Abb. 26a). Es ist anzunehmen, daß Saba Singh bei der Teilung noch lebte und seinen Anteil mit dem des Bangan zusammenlegte.

In der nächsten Generation ging Devis Besitz geschlossen an den Sohn Bom über (Abb. 26b). Chetra wanderte nach Namdu ab. Bom war 1965 fünfundsechzig Jahre alt und lebte mit seiner dreißigjährigen zweiten Frau im Haus Nr. 43. Die erste Frau wohnte bei dem ersten Sohn in Kunbu. Die Erbteilung (Abb. 26c) war im Jahre 1952 vor Boms Heirat vollzogen worden. Der in Bamti gelegene Familienbesitz wurde unter dem Vater und fünf seiner insgesamt sieben Söhne aus erster Ehe aufgeteilt. Der fünfte und der sechste Sohn waren 1965 noch unverheiratet. Sie wohnten mit dem vierten im Haus Nr. 47 und bewirtschafteten ihr Land mit diesem gemeinsam. Der erste und der dritte Sohn hatten ihren Anteil in Kunbu erhalten.

Saba Singhs erster Sohn, Bangan, hatte ebenfalls zwei Söhne, Krishna und Lalit. Die unteren Hänge gingen in ihren gemeinsamen Besitz über. Im oberen Parzellenkomplex erhielt Lalit das Mittelstück, Krishna das darüber gelegene Stück Regenfeldland und den Großteil der Reisfelder (Abb. 26b).

Um das Jahr 1920 stiftete Lalit den dem Hindu-Gott Shiva geweihten Dorftempel auf Parzelle *j* zusammen mit dem benachbarten Feldstück *h* und dem zugehörigen Wohnhaus. Haus und Land stehen jeweils dem Brahmanen zur Nutznießung zur Verfügung, der den Tempel betreut und priesterliche Funktionen in Bamti ausübt. Die Grundsteuer dafür wird heute von Lalits Sohn Hari getragen.

Als Lalit teilte (Abb. 26c), übernahm sein ältester Sohn Nar zunächst die Haus-Parzelle 33. Nach dem Tode seines Schwiegervaters in Roshi, der keine eigenen Söhne hatten, zog er dorthin und verkaufte sein Haus mitsamt dem Grundstück an seinen Vetter Shiva. Lalits dritter Sohn erhielt Land bei Gumdel, die beiden weiteren Söhne haben ihren Hauptwohnsitz in Bamti (Nr. 39 und 41). Auf Lalits eigenem Anteil lebt heute noch seine Frau (Nr. 40).

Von Krishnas Söhnen hat der eben erwähnte Shiva sein Land in Bamti inzwischen an seinen jüngsten Sohn Emat (Nr. 33) abgetreten und ist ganz nach Gumdel gezogen, wo schon sein Bruder Padam sein Haupthaus errichtet hatte. Padam besitzt noch auf den inzwischen aufgeteilten unteren Hängen drei Parzellen und ein Nebenhaus, in dem eine seiner drei Frauen wohnt. Eine andere Frau wohnt auf seinen Feldern in Kansthali.

Krishnas zweiter Sohn Harka hat Bamti ebenfalls verlassen. Er erhielt den Großteil seiner Felder auf ehemaligem Sherpa-Land in Panga. In Bamti gehören ihm noch die Parzellen k und z_1. Die drei jüngeren Söhne Krishnas (Kewal, Godul und Man) blieben in Bamti. Godul und Man sind inzwischen gestorben. Mans Anwesen ging an dessen einzigen Sohn über (Nr. 38). Goduls Witwe wohnt im Haus Nr. 36. Sie hat etwas Land an eine ihrer Töchter und deren Ehemann abgetreten (Nr. 35).

4.3.5. Die Erbteilungen in der Rana Madan-Linie

Von Rana Madans vier Söhnen übernahm Garul das gesamte Land in Bamti (Abb. 26a). Die drei übrigen siedelten sich bei Those im Khimti-Tal an.

Von Garuls drei Söhnen wanderte der älteste ebenfalls nach Those ab. Pohal und Damba teilten nur das im oberen Bereich des Familienbesitzes gelegene Feldland unter sich auf (Abb. 26b), die steileren unteren und seitlichen Hänge, die damals wahrscheinlich noch ganz bewaldet waren, blieben in gemeinsamer Nutzung.

Auch nach der nächsten Erbteilung in Pohals und Dambas Familien (Abb. 26c) waren die unteren und seitlichen Hänge zunächst noch Gemeinschaftseigentum. Die Parzellierung erfolgte hier, ebenso wie im benachbarten unteren Komplex der Saba Singh-Linie, im Jahre 1949. Seither sind dann eine Reihe von Parzellen an Familien aus den beiden anderen Karki-Linien veräußert worden.

4.4. Besitzgrößen

Die Tabelle 3 zeigt für die wichtigsten im Bhandar-Panchayat vertretenen Gruppen beispielhaft einige Grenz- und Durchschnittswerte in der Landbesitzgröße. Die Parzellen der ausgewählten Familien sind in der Landbesitzkarte (Beilage 3) besonders gekennzeichnet.

Auf die späte Entwicklung des individuellen Landeigentums der Sherpa und die daraus entspringenden Besitzunterschiede wurde bereits auf S. 71 f. hingewiesen. Aus der Aufschlüsselung des Landbesitzes in Dauerackerland und Wechselland in der Tabelle geht deutlich hervor, daß selbst bei größerem Landbesitz nur jeweils eine relativ kleine Fläche intensiv genutzt wird, d. h. es wird nicht viel mehr angebaut, als man zur Versorgung der eigenen Familie benötigt.

Ein extremes Gegenstück zu den vergleichsweise großen Besitzeinheiten der Sherpa bilden die Anbauflächen der Kami, die in der Tabelle auch stellvertretend für die übrigen unterprivilegierten Gruppen der Damai und der ehemaligen Sklaven (Gharti, Bhujel, Yemba) aufgeführt sind. Sie waren von Anfang an auf Landschenkungen angewiesen und besaßen in der Regel nicht die Mittel, ihre Feldflächen auszuweiten oder gar Ausmärkerland zu erwerben wie die Chetri. So blieb ihr Feldbesitz winzig. Er fällt sofort durch die Zersplitterung in Kleinparzellen auf, wie sich das aus ihrer Bevölkerungszunahme ergibt. Die Durchschnittsgröße des Feldbesitzes der 13 Kami-Familien Bamtis von 0,56 ha sagt alles, wenn man noch dazu bedenkt, daß ihr Land durchwegs über 2000 m Meereshöhe liegt und daß ihr gesamter Naßfeldbesitz (Reis) nur 0,6 ha ausmacht.

Das Besitzliniengefüge der Chetri sieht im unteren Teil von Bamti oder gar im Kerngebiet von Roshi auf den ersten Blick aus wie das der Kami. Auch die in der

TABELLE/TABLE 3: Landbesitz einiger ausgewählter Familien in Bhandar-Panchayat (vgl. Beilage 3) / Land holdings of some sample families in Bhandar-Panchayat (see plate 3)

Ausgewählte Familien	Zahl der Parzellen	Dauerackerland Bewässerungs-land (*khet*)	Regenfeld-land (*bāri*)	Wechsel-land (*pākho*)	Gesamt-fläche
Sherpa: A	7	—	2,3 ha	25,5 ha	27,8 ha
Sherpa: B	3	—	1,0 ha	5,0 ha	6,0 ha
Sherpa: C	1	—	2,0 ha	1,2 ha	3,2 ha
Chetri: D	8	0,6 ha	0,7 ha	7,9 ha*	9,2 ha**
Chetri: E	3	0,5 ha	1,5 ha	0,4 ha	2,4 ha
Chetri: F	1	0,05 ha	0,5 ha	—	0,55 ha
Kami: G	4	—	1,3 ha	0,4 ha	1,7 ha
Kami: H	2	—	0,4 ha	—	0,4 ha
Kami: I	1	—	0,2 ha	—	0,2 ha
Sample families	Number of parcels	Wet fields (*khet*) Infields	Dry fields (*bāri*)	Out-fields (*pākho*)	Total

* einschließlich 1,8 ha Wald/including 1.8 ha woodland
** weiterer Landbesitz außerhalb des Bhandar-Panchayats/more holdings outside Bhandar Panchayat

Tabelle ausgewiesenen Besitzgrößen der Familien E und F wirken bescheiden. Aber viele Chetri haben weitum zusätzlich Ausmärkerflächen erworben (vgl. S. 74), so daß ihr wirklicher Besitzumfang hier gar nicht faßbar ist. Allerdings hat die Parzellenzersplitterung andere Chetri-Familien, die keinen Ausmärkerbesitz erwerben konnten, verarmen lassen. Das gilt hier besonders für die Bewohner von Roshi.

5. VERTIKALE DIFFERENZIERUNG IM FELDBAU

5.1. Klima- und Reliefbedingungen des Ackerbaus

Agrarmeteorologische und entsprechende pflanzenphysiologische Untersuchungen aus Ost-Nepal wurden meines Wissens bisher nicht veröffentlicht. Dagegen sind die allgemeinen Klimaverhältnisse Ost-Nepals in ihren Hauptzügen gut bekannt (DITTMANN 1970, FLOHN 1970, KRAUS 1966). Einige Tatsachen, die für die Anbaubedingungen und deren vertikale Differenzierung in Ost-Nepal von Bedeutung sind, seien hier kurz hervorgehoben:

1. Die Unterscheidung von Sommerfrucht (*Karif*) und Winterfrucht (*Rabi*) wird außer durch den Temperaturanstieg durch das sehr ausgeprägte Sommermaximum der Monsunniederschläge (Hauptregenzeit Juni bis September) bestimmt. Diese nehmen im Untersuchungsgebiet erst im inneren Khumbu (Innerhimalaya) entscheidend ab (vgl. S. 114).

2. In Ost-Nepal verwischen die stark konvektiven Frühjahrsniederschläge die Grenze zwischen Vormonsunzeit und Einsetzen des Sommermonsuns. Sie treten fast in allen Stationswerten ab März deutlich hervor, also zugleich mit dem entscheidenden Temperaturanstieg (DITTMANN 1970, 51f.; KRAUS 1966, 309, 311).

3. Die starke orographisch bestimmte Variabilität der Niederschlagsmengen durch die Tal- und vor allem durch die Hangzirkulation — der „Troll-Effekt" (FLOHN 1970, 25f.) — ist so maßgebend für die Niederschlagsverteilung und begünstigt die Hanglagen gegenüber den Tallagen so allgemein (DITTMANN 1970, 57f.; FLOHN 1970, 41ff.; KRAUS 1966, 309ff.), daß angesichts der Reliefbedingungen in Ost-Nepal (Punkt 4) bestimmte Höhengrenzen der Feuchtigkeit allgemein wirksam werden, wie sie schon SCHWEINFURTH (1957, 314) in der Entwicklung eines Gürtels größter Feuchtigkeit in etwa 2000 m Höhe auffiel. Die Differenzierung von feuchten Hanglagen und trockeneren Tallagen führt auf diese Weise dazu, daß die Frühjahrsniederschläge unterhalb von 1300—1500 m Höhe offenbar nirgends mehr für einen winterlichen Regenfeldbau ausreichen (vgl. S. 108).

4. Im Vorderhimalaya dominieren Kerbtäler, unten mit häufig schluchtartigem Querprofil, über dem — meist erst oberhalb von 1000—1200 m Meereshöhe — die Hänge deutlich flacher werden. Daher konzentrieren sich Anbau, Siedlungen und Verkehrswege auf die Hänge und sanfteren Bergrücken, während die Talsohlen und die tieferen Hangteile nur selten dafür günstige Bedingungen bieten. Erst im Hochhimalaya rücken Anbau und Siedlungen häufiger in Talbodenlagen, die in den glazial geformten höchsten Talabschnitten die oft ausschließlichen und letzten Gunstlagen bedeuten, so im oberen Khumbu.

5. Eine andauernde Winterschneedecke fehlt im Dauersiedlungsbereich. Wo nach den sporadischen Schneefällen der Schnee liegen zu bleiben beginnt, verläuft für die Chetri die Obergrenze ihres Siedlungsraumes und die Untergrenze des Lekh (vgl. S. 106). Hier, in 2000—2100 m Höhe, liegt die absolute Reisbaugrenze und vollzieht sich ein entscheidender Höhenwandel in den Anbauverhältnissen.

6. Frost kann in den Tagesminima des Januar schon in Kathmandu (1340 m) auftreten, in Jiri (1895 m) sogar bis März (KRAUS 1966, 313f.). Nach oben hin wirkt sich der Frost angesichts der fehlenden Winterschneedecke entscheidend als Grenze für den Winteranbau aus, der im Untersuchungsgebiet die 3200 m-Höhenlinie nirgends erreicht. In dieser Höhe sinken bereits die hochwinterlichen Monats*mittel*temperaturen unter den Gefrierpunkt (KRAUS 1966, 313f.).

5.2. Ergebnisse der Anbaukartierung im Bhandar-Panchayat

5.2.1. Erläuterungen zur Karte (Beilage 4)

Die vertikale Differenzierung im Feldbau sei zunächst am kleinräumigen Beispiel des Bhandar-Panchayats auf der Grundlage meiner Anbaukartierung vom August 1965 dargestellt.

Es ist zwischen folgenden Kulturarten zu unterscheiden:

1. Dauerackerland
   a) Bewässerungsfeldland (*khet*)
   b) Regenfeldland (*bāri*)
2. Wechselland (*pākho*)
   a) Feld-Weide-Wechselland
   b) Feld-Busch-Wechselland
3. Felshänge (*bhir*)
4. Wald

Die wenigen auf der Karte als Wald gekennzeichneten Areale sind vornehmlich auf steilere Hänge beschränkt. Als Folge einer Übernutzung durch Holzschlag zur Gewinnung von Brenn- und Bauholz, durch Schneiteln und Viehverbiß befinden sich die Bestände in einem desolaten Zustand. In der Umgebung der Chetri-Siedlungen Roshi, Panga und Bamti sind auch die Steilhänge weitgehend abgeholzt. Wo nur eben möglich, werden sie noch im Wechselfeldbau genutzt. Aber auch die schroffsten, mit nacktem Fels durchsetzten Hangpartien (*bhir*), die nicht einmal mehr vom Kleinvieh begangen werden können, sind nicht völlig unproduktiv. Am Ende der trockenen Jahreszeit wird hier in gefährlicher Kletterarbeit der letzte Grashalm zur Erweiterung der dann sehr knappen Futterbasis für das Vieh eingesammelt.

Im Sherpa-Gebiet fallen dank der größeren Landreserven auch ausgedehnte weniger steile Flächen in die Kategorie „Wechselland". Vom Dauerackerland hebt sich das Wechselland durch die fehlende Terrassierung ab. Sehr selten finden sich terrassenähnliche Absätze. Stärker und regelmäßig terrassierte Hangteile weisen auf wüstgefallenes, ehemaliges Dauerackerland hin.

Abb. 27: Feldterrassen im Bewässerungsland und Regenfeldland in Bamti in 1800 m Meereshöhe. Die exakt nivellierten Bewässerungsterrassen (*khet*) heben sich deutlich von dem oberhalb anschließenden, sehr viel weniger sorgfältig terrassierten Regenfeldland (*bāri*) mit den breiten, von Schneitelfutterbäumen bestandenen Terrassenrainen ab. Zur Zeit der Aufnahme (Ende November) war die Ernte der Sommerfrüchte bereits abgeschlossen. Im *khet* hat man gerade den Winterweizen eingesät. Am jenseitigen Ende der *khet*-Terrassen sind zwei Reisstrohschober zu erkennen. Auf den Regenfeldterrassen steht noch das Hirsestroh, nachdem man bei der Ernte nur die Ähren abgerupft hat. Die *bāri*-Felder bleiben im Winter brach. Die Hirse-Stoppel dient als Winterfutter für das Vieh, ebenso wie die zwischen den Bäumen sichtbaren spitzkegelförmig aufgeschichteten Maisstauden, die noch von der Maisernte im August stammen. *Terraced fields in Bamti.* Photo: W. Limberg, 14. Nov. 1967

Die *Dauerfelder* liegen meist in der unmittelbaren Umgebung der Siedlungen. In den Chetri-Siedlungen Bamti, Roshi und Panga schließen sie sich entsprechend der hohen Wohndichte zu großen Terrassenfeldkomplexen zusammen. Bei den Sherpa dagegen liegen entsprechend der viel dünneren Streusiedlung die Dauerfelder als kleine Komplexe, gelegentlich sogar als Einzelfelder inselhaft im Wechselland verstreut.

Die *Feldterrassierung* (Abb. 27) ist in der Karte nicht erfaßt. Generell haben die Chetri die Hänge im Bereich der Daueräcker wesentlich sorgfältiger terrassiert als die Sherpa. Die Regenfeldterrassen sind mehr oder weniger stark geneigt und durch Stufenraine (zum Teil mit einem Trockenmauerkern) voneinander abgesetzt. Die Raine sind mit Gräsern und Gestrüpp überzogen. Vor allem in Bamti und Roshi umsäumen auch einzelne Bäume die Regenfeldterrassen. Es handelt sich dabei um angepflanzte Schneitelfutterbäume, die sorgfältig gepflegt werden und zum Privatbesitz des jeweiligen Bauern gehören. Innerhalb der einzelnen Besitzparzellen sind die Terrassen so zueinander versetzt, daß das Ende eines Ackers in einen benachbarten einmündet und man somit beim Pflügen ungehindert von einer Stufe zur anderen überwechseln kann.

Die Wohnhäuser (Abb. 28) stehen inmitten des Regenfeldlandes. Nur an den Eingangsseiten sind kleine, mit Steinplatten ausgelegte Hofplätze ausgespart. Ausgesprochene Küchengärten fehlen. Gartengemüse wird in Hausnähe zwischen der Hauptkultur angebaut.

Sehr viel sorgfältiger angelegt als die Regenfeldterrassen sind die Terrassen im Bewässerungsfeldland (*khet*). Die einzelnen Terrassenäcker sind hier exakt nivelliert. Die Stufen sind in der Regel ohne Stützmauern und lassen keinen Platz für Büsche oder Bäume. Die Bewässerungsterrassen sind im Sommer ausschließlich dem Naßreis vorbehalten und daher in ihrer vertikalen Verbreitung an die

▶

Abb. 28: Chetri-Haus in Bamti. Die Häuser der Chetri sind in der Regel giebelseitig erschlossen mit einem überdachten Vorraum im Erdgeschoß. Bevorzugt wird eine zweieinhalbgeschossige Bauweise. An die Stelle der früher üblichen Grasdächer sind heute flacher geneigte Holzschindeldächer getreten. Typisch sind auch die durch Schrägbalken getragenen Dachüberhänge an den Traufseiten und die walmähnlichen Vordächer an den Giebelseiten. Sie dienen im Herbst zum Nachtrocknen des Maises. Im Erdgeschoß liegt die Küche, dahinter ein Vorratsraum oder ein Stall für das Kleinvieh. Im ersten Stock befinden sich zwei bis drei durch Bretterwände abgetrennte Schlafräume und oft eine kleine Kammer mit einer Opferstelle für den Hausgeist. Das Dachgeschoß dient als Speicher für Getreide, das in tonnenförmig zusammengenähten Bambusmatten gelagert wird. Der überdachte giebelseitige Vorraum im Erdgeschoß erfüllt eine wichtige Funktion als Arbeitsplatz und als Empfangsraum und Schlafstelle für Besucher. Ein etwa 60 bis 70 cm hoher und 1 m breiter Kasten an der türabgelegenen Seite des Vorraums ist zugleich Hühnerstall, Sitz- und Schlafplatz. Bei den faßähnlichen Gegenständen auf dem unteren Vordach und den Mauervorsprüngen handelt es sich um ausgehöhlte und an den Enden bis auf schmale Spalte wieder verschlossene Baumstämme, die als Bienenstöcke dienen. Wohlhabende Chetri haben auf der gegenüberliegenden Seite des mit Steinplatten ausgelegten Hofplatzes noch ein etwas kleineres zweistöckiges Nebengebäude, das als Stall (Untergeschoß) und Speicher (Obergeschoß) dient.
Chetri house in Bamti.   Photo: W. Limberg, 29. Sept. 1967

Höhengrenze des Naßreises gebunden. In Bamti und Roshi fügen sie sich zu großen, unterhalb bzw. seitlich der Wohnplätze gelegenen Nutzungskomplexen zusammen.

Die Karte zeigt das Anbaugefüge zu Anfang August, dem Höhepunkt der sommerlichen Regenzeit. Alle Bewässerungsterrassen sind jetzt überflutet und einheitlich mit Naßreis bestanden. Auf den *bāri*-Feldern dominiert bis hinauf nach Gupadanda und Jhareni der Mais. In Roshi und auf einem großen Teil der Felder von Bamti und Panga steht er in Mischkultur mit Fingerhirse (*Eleusine coracana*) oder Sojabohnen. Fingerhirse in Reinkultur finden wir einmal am Likhu Khola unterhalb Roshi und dann erst wieder in dem Gürtel zwischen 2100 und 2300 m von Shertu bis Bhandar. Dort treten auch Sojabohnen häufiger in Reinkultur auf, besonders in der Umgebung von Bhandar und Sim. In gleicher Höhe findet man zunächst vereinzelt kleine Kartoffelfelder und abgeerntete Weizenfelder, die höher hinauf immer mehr an Ausdehnung zunehmen. Bei Jhareni erscheinen

Weizen und Kartoffeln noch im Verein mit Mais; bei Gyangtar und Gaichepe bilden sie die einzigen Feldfrüchte. Kurz unterhalb Deorali scheidet dann auch der Weizen aus. Die hausnahen Felder von Deorali tragen nur noch Kartoffeln.

Mit Ausnahme der Kartoffel erreichen im Kartierungsgebiet also alle genannten Feldfrüchte ihre Höhengrenze (vgl. Kapitel 4.3.). Als höchste festgestellte Vorkommen sind zu nennen:

Naßreis	2120 m
Fingerhirse	2320 m
Sojabohnen	2330 m
Körnermais	2470 m
Winterweizen	2760 m

Die Karte zeigt aber nur eine Momentaufnahme aus dem jährlichen Anbauzyklus. Sie kann keine Auskunft geben über die zu anderen Jahreszeiten angebauten Feldfrüchte und ihre Stellung in der Fruchtfolge. Höchstens aus dem regelmäßigen Nebeneinander von Kartoffeln und Weizenstoppeln in Gaichepe und Gyangtar könnte man auf eine zweijährige Kartoffel-Weizen-Folge schließen. Zur nun folgenden Besprechung der Fruchtfolgen und Feldsysteme müssen zusätzliche Beobachtungen aus anderen Jahreszeiten und die Auskünfte einheimischer Informanten hinzugezogen werden. Vorweg jedoch noch einige grundsätzliche Erörterungen:

Mit Ausnahme der oberen und unteren Randlagen sind im Kartierungsgebiet die klimatischen Voraussetzungen für einen Zweijahreszeitenfeldbau mit wechselnden Feldpflanzen gegeben. Das Wachstum wird weder durch eine Kälteruhe noch durch eine Trockenruhe unterbrochen. An die Stelle der zur Zeit der Kartierung auf den Feldern stehenden wärme- und feuchteliebenden Monsun- oder Karif-Früchte können im Winter die anspruchsloseren Rabi-Früchte (zumeist Weizen und Gerste) treten. Durch die Kombination bestimmter Anbaupflanzen lassen sich bis etwa zur halben Hanghöhe hinauf Jahr für Jahr *zwei Haupternten*, eine Sommerfrucht und eine Winterfrucht, auf einem Feld erzielen.

Wenn es in größerer Höhe zu einer Überschneidung der Saat- und Erntetermine kommt, hat der Bauer die Wahl, entweder auf eine der beiden Früchte zu verzichten und das Feld in der entsprechenden Saison brach liegen zu lassen (Höhenbrache) oder aber auf ein zweijähriges Anbausystem umzuschalten. Dieses gibt ihm die Möglichkeit, die Überschneidung mit nur einer Brachperiode in jedem zweiten Jahr aufzufangen, also in zwei Jahren immerhin drei Haupternten einzubringen. Um nun aber nicht in der Brachperiode auf eine Ernte verzichten zu müssen, wird er sein Ackerland ähnlich wie bei unserer mitteleuropäischen Zweifelderbrachwirtschaft, in „zwei Felder" aufteilen. Auf ihnen läuft dann, jeweils um ein Jahr versetzt, die Fruchtfolge im gleichen Rhythmus ab. Dem zweijährigen, viergliedrigen Fruchtfolgesystem entspricht also ein zweifeldriges Anbausystem, eine *Zweifelderwirtschaft*. Die einjährige, zweigliedrige Folge, die in dem regelmäßigen Wechsel von Sommerfrucht und Winterfrucht (oder Brache) auf nur einem Feld im zeitlichen Nacheinander abläuft, ist demnach als Einfeldwirtschaft zu bezeichnen. Der Begriff „Einfeldwirtschaft" darf nun allerdings nicht, wie wir es von unseren mitteleuropäischen Verhältnissen her gewöhnt sind, mit „Einkörnerfolge" gleichgesetzt werden. Da es sich in Nepal bei den Sommerfrüchten meist um Hackfrüchte (auch der Mais gehört dazu) und bei den Winterfrüchten um Halmfrüchte handelt, kann in ihr sogar das Prinzip des Fruchtwechsels verwirklicht werden.

Weil jede Brache die Bodenregeneration fördert, muß eine jährliche Doppelfolge ohne Brache dungintensiver sein als eine zweijährige Folge mit drei Erntegliedern, und diese erfordert wiederum mehr Dung und eine größere Pflege als der Anbau von nur einer Feldfrucht in einem Jahr. Daher werden auch die Bauern in den tieferen Lagen, wenn das Landangebot groß genug ist, die vom Klima her gegebenen Möglichkeiten nicht auf der gesamten Ackerflur voll ausschöpfen, sondern auf schwächer gedüngten Feldern extensivere Rotationen mit regelmäßig wiederkehrenden Brachen anwenden. Neben der vertikalen, klimatisch bedingten Stufung kommt es dann im Umkreis der Siedlungen zu einer *horizontalen Zonierung* der Feldsysteme. Der vorherrschenden *Hauptrotation* können dort jeweils dungextensivere oder/und dungintensivere *Nebenrotationen* gegenüberstehen.

Zur Erleichterung des Verständnisses seien nun die in diesem Gebiet immer wiederkehrenden Grundformen der Ein- und Zweifelderwirtschaften zusammengestellt:

A. Zweigliedrige Einfelderwirtschaften

Typ A 1: Eine Hauptfrucht im Sommer und eine Hauptfrucht im Winter, z. B.
  Sommer: Naßreis
  Winter: Weizen

Typ A 2: Eine Hauptfrucht im Sommer und Brache im Winter, z. B.
  Sommer: Mais
  Winter: Brache

Typ A 3: Eine Hauptfrucht im Winter und Brache im Sommer, z. B.
  Sommer: Brache
  Winter: Weizen

B. Viergliedrige Zweifelderwirtschaften

Typ B 1: Zwei Sommerfrüchte und eine Winterfrucht (Brache in jedem zweiten Winter), z. B.
  1. Jahr, Sommer: Fingerhirse
    Winter: Brache
  2. Jahr, Sommer: Mais
    Winter: Weizen

Typ B 2: Eine Sommer- und eine Winterfrucht (Brache in jedem zweiten Sommer und Winter), z. B.
  1. Jahr, Sommer: Mais
    Winter: Weizen

> *2. Jahr, Sommer:* Brache
> *Winter:* Brache

Typ B 3: Eine Winterfrucht in zwei Jahren, z. B.
> *1. Jahr, Sommer:* Brache
> *Winter:* Weizen
> *2. Jahr, Sommer:* Brache
> *Winter:* Brache

Der extensive Anbautyp B 3 bildet bereits den Übergang zur *Landwechselwirtschaft*, bei der ein Anbau nur noch nach zwei und mehr Brachjahren erfolgt.

5.2.2. Anbausysteme im Chetri-Gebiet zwischen 1400 und 2100 m ü. M.

Bamti (1600—2100 m ü. M.)

Die Flur des Chetri-Dorfes Bamti erstreckt sich zwischen 1600 und 2100 m Meereshöhe. Die Möglichkeiten der Wasserzuleitung von beiden Seiten her sind hier so günstig, daß der untere Teil bis 1850 m Höhe, also bis an die Rentabilitätsgrenze des Reises (vgl. S. 109), fast geschlossen vom Bewässerungsland, dem *khet*, eingenommen wird. Darüber schließt sich das Regenfeld- oder *bāri*-Land an.

Zwei Anbauperioden mit wechselnden Anbaufrüchten sind zu unterscheiden. An die Stelle der zur Zeit der Kartierung auf den Feldern stehenden wärme- und feuchteliebenden Sommerfrüchte können im kühleren, trockeneren Winter die anspruchsloseren Rabi-Früchte Weizen, Gerste und Senf treten. Darüber hinaus werden in der trockenen Jahreszeit auch Kartoffeln und Buchweizen sowie in geringerem Umfang Steckrüben und Taro kultiviert. Die Vegetationsperioden mancher Sommer- und Winterfrüchte überschneiden sich jedoch so sehr, daß nicht in jeder beliebigen Kombination innerhalb eines Jahres von einem Feld sowohl eine Sommer- als auch eine Winterernte eingebracht werden kann.

Rotationen im khet: Eine solche einjährige Doppelfolge von 1. Sommerfrucht, 2. Winterfrucht (Typ A 1) ist zunächst einmal im *khet* üblich, wo nach Naßreis etwa die Hälfte der Fläche mit Weizen, ein Drittel mit Kartoffeln und der Rest mit Buchweizen bestellt wird.

Die Aussaat des Reises erfolgt Anfang Mai in bewässerten und sorgfältig bearbeiteten und gedüngten Saatbeeten, die etwa ein Zehntel der später zu bepflanzenden Fläche einnehmen. Mitte Juni beginnt das Umsetzen der nun fußhohen Setzlinge, das sich bis Mitte Juli hinzieht. Die Reisernte liegt zwischen dem 15. November und 15. Dezember. Sie beginnt zuerst auf den Feldern, die für Weizen vorgesehen sind. Dort wird die Stoppel bald umgebrochen und der Weizen ausgesät. Dieser reift Anfang Juni. Die einjährige Folge

> *Sommer:* Naßreis
> *Winter:* Weizen

wird erst durch die Anzucht des Reises in separaten Saatbeeten möglich. Der Weizen kann auf diese Weise noch ausreifen, nachdem die Vegetationsperiode des Reises bereits begonnen hat. Wo Kartoffeln oder Buchweizen folgen sollen, kann man mit der Bestellung bis Mitte Januar bzw. Mitte Februar warten, um Anfang Juni zu ernten und die Reisstoppel in der Zwischenzeit als Hutung nutzen.

Für Weizen und Buchweizen reicht hier in der Regel die natürliche Feuchte aus, während Kartoffeln eine leichte zwei- bis dreimalige Irrigation benötigen.

Regenfeld-Rotationen: Auf den *bāri*-Feldern ist nur noch in der Kombination

> *Sommer: pajua*-Mais[22]
> *Winter:* Gerste oder Senf (*sarsiŭ*)

in jeder Anbausaison eine Haupternte zu erzielen. In den tieferen Lagen von Bamti ist auch Weizen als Winterfrucht nach und vor *pajua*-Mais möglich, aber Saat- und Erntetermine würden so nahe beieinander liegen, daß kaum Zeit für die nötigen Feldarbeiten bliebe. Da man genügend Weizen von den *khet*-Feldern bezieht, kann man auf den *bāri*-Feldern auf ihn verzichten.

Der *pajua*-Mais wird im mittleren Teil von Bamti Ende April gesät und um den 10. September geerntet. Vier Wochen später folgen dann Gerste oder Senf, die bis Ende bzw. Mitte März auf den Feldern stehen.

Diese alljährlich wiederkehrende Anbaufolge ohne längere Brachzeiten stellt hohe Ansprüche an den Boden und kann nur bei intensiver Düngung zufriedenstellende Erträge liefern. Sie bildet in Bamti eine *Nebenrotation* und ist auf die in unmittelbarer Hausnähe gelegenen Felder beschränkt, die eine besonders hohe Dungzufuhr durch tierische und menschliche Fäkalien, Küchenabfälle und Kehrricht erhalten. Dort findet man unter Mais dann auch noch Taro, Kürbisse und andere Gartengewächse.

---

[22] Der *pajua*-Mais (*pajua makai*) ist eine schnellreifende Maissorte, die kleinwüchsiger und auch weniger ertragreich ist als der *agua*-Mais (*agua makai*), der drei bis vier Wochen länger zur Reife benötigt. Die Adjektive *pajua* = „spät" und *agua* = „früh" beziehen sich auf die unterschiedlichen Saattermine. Der *agua*-Mais wird schon Mitte März nach Winterbrache, der *pajua*-Mais dagegen erst später nach der Ernte der Winterfrucht ausgesät. Andere Bezeichnungen sind *sanu makai* = „kleiner Mais" (*pajua*) und entsprechend *tolu makai* = „großer Mais" (*agua*). Die schnellreifende Sorte wurde von den Sherpa übernommen, die sie wiederum aus Darjeeling eingeführt haben. Man spricht daher auch von *Bhoṭe makai* = „Tibeter (= Sherpa)-Mais". In anderen Gegenden Solus benutzt man manchmal den Namen des Sherpa-Dorfes, aus dem das Saatgut bezogen wurde, wie *Nyimare makai* oder *Deku makai*. Wenn der nepalische Bauer von *pajua makai* spricht, muß es sich allerdings nicht immer um die schnellreifende Maissorte handeln, da er in erster Linie an die unterschiedliche Stellung in der Fruchtfolge denkt. So kann er auch die Sorte mit der längeren Vegetationsperiode nach der Ernte der Winterfrucht anbauen. Die Kornreife wird dann jedoch nicht mehr rechtzeitig vor dem Aussaattermin des Wintergetreides erreicht. In diesem Fall verwendet man entweder die grünen Kolben als Gemüse und verfüttert die Stauden an die Zugochsen und Wasserbüffel oder man verzichtet auf das Wintergetreide.

Die (extensivere) *Hauptrotation* im Regenfeldland ist in Bamti (Typ A 2):

> *Sommer:* *agua*-Mais mit einer weiteren Sommerfrucht als Unter- oder Nachfrucht
> *Winter:* Brache

Sehr beliebt ist der kombinierte Anbau von *agua*-Mais und Fingerhirse (nep. *kodo*). Obgleich sich die Vegetationsperioden dieser beiden wichtigsten sommerlichen *bāri*-Früchte um drei Monate überschneiden, ist es durch fein aufeinander abgestimmte Kultivierungsmaßnahmen möglich, innerhalb einer Anbausaison und auf einem Feld von jeder der beiden Früchte eine vollwertige Ernte zu erzielen. Mitte März werden die Felder mit *agua*-Mais bestellt. Mitte Mai sät man in besonderen Anzuchtbeeten Fingerhirse aus. Zwischen Mitte Juni und Mitte Juli, also zur gleichen Zeit wie beim Naßreis, werden die jungen Pflanzen unter die nun fast mannshohen Maisstauden umgesetzt. Sie stehen mit diesen bis zur Maisernte (Mitte August) in Mischkultur. Im dritten und letzten Abschnitt ihrer Vegetationsperiode, wenn sie viel Licht und Wärme zur Reife benötigen, bildet die Hirse wieder eine Reinkultur. Sie wird etwa Mitte November geerntet. Dabei rupft man die Ähren ab und läßt die Halme auf dem Feld stehen. Sie liefern eine sehr nahrhafte Stoppelweide in der nun anschließenden viermonatigen Brachperiode.

Die Mais-Fingerhirse-Winterbrache-Folge ist in kleineren Betrieben absolut vorherrschend. Daneben findet man aber auch Sojabohnen als sommerliche Zusatzfrucht unter Mais. Die Sojabohnen werden Anfang Juni direkt in die Maisfelder eingesät und Ende September, also etwa fünf bis sechs Wochen nach dem Mais, geerntet.

Falls man den Mais bis zu seiner Ernte in Reinkultur stehen läßt, kann man anschließend noch schnellreifende Nachfrüchte wie Buchweizen, Steckrüben oder Raps (*tori*) anbauen. Nur auf randlich gelegenen, schwach gedüngten Feldern verzichtet man auf die Nachfrucht.

Die intensivste Kombination von Sommerfrüchten ist am oberen Ortsrand von Bamti anzutreffen. Hier kann oberhalb etwa 2000 m die Kartoffel — nun als Sommerfrucht — auch im Regenfeldland angebaut werden, während sie in tieferen Lagen wegen zu großer Wärme und Feuchtigkeit faulen würde. Man pflanzt die Kartoffeln Anfang Februar. Mitte März sät man zwischen die Kartoffelreihen den *agua*-Mais, der die Hauptfrucht bildet. Die Kartoffelernte fällt in den Juni. Gleich anschließend setzt man entweder Fingerhirse unter den Mais oder bringt eine Sojabohnensaat ein. Aber auch Buchweizen, Steckrüben oder Raps sind als Nachfrucht möglich. Zwischen Februar und November werden also drei verschiedene Sommerfrüchte auf einem Feld geerntet. Die Winterbrache ist dabei auf zwei Monate zusammengeschrumpft.

In Bamti werden aufgrund einer Verabredung diese einjährigen zweigliedrigen Anbaufolgen regelmäßig und von allen Bauern als Hauptrotation eingehalten. Man erklärte mir, die allgemeine winterliche Stoppelweide auf den Hirsefeldern gebe dafür den Ausschlag.

Roshi (1500—1800 m ü. M.)

Diese einjährigen, zweigliedrigen Anbaufolgen spielen in Roshi nur eine untergeordnete Rolle. Die eigentliche Hauptrotation bildet dort im Regenfeldland eine zweijährige, zweifeldrige Folge (Typ B 1):

> *1. Jahr, Sommer:* pajua-Mais mit Fingerhirse
> *Winter:* Brache
> *2. Jahr, Sommer:* agua-Mais, gemischt mit Sojabohnen
> *Winter:* Gerste, Weizen oder Raps

Nach einer vorausgegangenen Winterfrucht wird Ende April (nach Gerste) oder Mitte Mai (nach Weizen) *pajua*-Mais als erstes Anbauglied gesät. In diese Maisfelder pflanzt man in der zweiten Julihälfte die Hirse-Setzlinge. Trotz des sehr späten Umpflanztermins kann die Fingerhirse in Roshi aufgrund des höheren Temperaturniveaus bis Mitte Dezember voll ausreifen. Für die Aussaat einer Winterfrucht ist es natürlich zu spät, da man im nächsten Sommer nicht auf Mais verzichten will. Die Felder bleiben für zwei Monate unbestellt. Mitte März folgt *agua*-Mais, der Ende Mai eine Sojabohnen-Untersaat erhält. Mitte August hat der *agua*-Mais das Feld geräumt. Die Sojabohnen reifen noch bis Mitte September nach. In der nächsten Anbausaison stehen dann Gerste, Weizen und Senf etwa in der Verteilung 6 : 3 : 1 auf den Feldern.

Die zweifeldrige Anbauweise fällt in den letzten Wochen vor der ersten Maisernte im Flurbild kaum auf: Die gesamte Fläche ist dann einheitlich mit Mais bestellt, unter dem die verschiedensten Unterfrüchte verborgen sind. Das ändert sich jedoch ab Mitte August nach der Ernte des *agua*-Maises. Dann stehen zunächst die dunkelgrünen Sojabohnen- und die bräunlichen *pajua*-Maisfelder einander gegenüber. Anfang September sind es für kurze Zeit die Sojabohnen- und hellgrünen Hirsefelder, in der zweiten Oktoberhälfte die frischgepflügten Wintergetreide- und die sich goldgelb färbenden Fingerhirsefelder und schließlich zum Jahresanfang die grünen Getreidesaaten des Winters und die Hirsestoppel, auf der nun das Vieh weidet.

Der Anbau von Weizen innerhalb der zweijährigen Regenfeldrotation wirkt sich auch auf die winterliche Nutzung der *khet*-Felder aus. Dort dominiert im Gegensatz zu Bamti die Kartoffel. Sie hat dort in den letzten Jahrzehnten so sehr zugenommen, daß sie auch den Buchweizen (nep. *phāpar*) ganz verdrängt hat. Das hängt zweifellos mit der Bodenbesitzzersplitterung zusammen. Auch in den Alpen beispielsweise kennt man den Zusammenhang zwischen Kartoffelanbau und Bodenkleinbesitz in Realerbteilungsgebieten (TELBIS 1948, 63 f.).

Roshi-Besi (1400—1500 m ü. M.)

Die Fingerhirse-Felder am Steilhang zum Likhu Khola gehören ebenso wie ein etwas weiter flußaufwärts gelegener Naßreis-Terrassenkomplex (nicht mehr auf der Karte) zur Ortsflur von Roshi. Dieser untere, sich etwa zwischen 1400 und 1500 m hinziehende Flurteil trägt den Namen Roshi-Besi (*besi* = Talboden, unterer

Talhang). Er sei hier besonders betrachtet, da sich zwischen Roshi und Roshi-Besi ein entscheidender Wandel in den Anbaubedingungen vollzieht: In dieser untersten Talstufe reicht die natürliche Feuchte für den Anbau von Winterfrüchten nicht mehr aus. Sie liegt unterhalb der *Trockengrenze des Winterfeldbaus*, die hier ziemlich genau in 1500 m Meereshöhe verläuft. Gesicherte Rabi-Ernten können hier nur bei künstlicher Bewässerung, also im *khet*, erzielt werden. Auf den *bāri*-Feldern ist nur noch ein reiner, durch das winterliche Niederschlagsdefizit bedingter *Sommerfeldbau* möglich.

Auf den *bāri-Feldern* steht zur Zeit (Anfang August) Fingerhirse in Reinkultur. Ihr ist bereits *pajua*-Mais vorausgegangen, der hier aufgrund der sehr hohen Sonneneinstrahlung eine um ca. vier Wochen kürzere Vegetationsperiode hat als in 1650 m Höhe in Roshi. Erst um den 10. April gesät, kann er schon Ende Juli/Anfang August geerntet werden. Der Saattermin markiert das Ende der Trockenzeit. Er ist jedoch Schwankungen unterworfen. In ungünstigen Jahren lassen die ersten wirksamen Niederschläge bis Ende April/Anfang Mai auf sich warten. Dann verzögert sich auch die Maisreife entsprechend weit in den August hinein. Das Umpflanzen der Fingerhirse erfolgt immer zwischen dem 25. Juli und 1. August, gleichgültig ob der Mais schon abgeerntet ist oder noch auf den Feldern steht. Nach der Hirseernte (Ende November) bleiben die Felder unbestellt und werden als Stoppelweiden genutzt, bis im April des nächsten Jahres die gleiche Sommerfruchtfolge erneut beginnt. Es handelt sich damit zwar um die gleiche, sich alljährlich wiederholende Mais-Fingerhirse-Kombination, wie wir sie aus Bamti kennengelernt haben und wie sie auch in Roshi für die kleineren Betriebe typisch ist, aber dennoch um einen völlig neuen eingliedrigen, einfeldrigen Anbautyp. Die Winterpause ist nicht wie in Bamti und Roshi betriebswirtschaftlich bedingt, sondern eine *Trockenruhe*. Die Fruchtfolge lautet:

Sommer für Sommer: Mais — Fingerhirse

Die *Naßreisterrassen* von Roshi-Besi tragen ebenfalls keine Winterfrüchte. Man könnte zwar leicht Irrigationswasser vom Likhu Khola abzweigen, aber die Felder werden im Winter dringend als Hutung benötigt.

5.2.3. Anbausysteme im Sherpa-Gebiet

Im Sherpa-Gebiet sei die weitere vertikale Differenzierung im Feldbau an den Beispielen der Siedlungen Shertu, Jhareni, Gyangtar und Deorali dargestellt.

Shertu (2100—2300 m ü. M.)

Mit Ausnahme von Naßreis können in Shertu noch die gleichen Feldfrüchte gedeihen wie in Bamti und Roshi. Trotzdem zeigt die Karte einen auffallenden Wandel im Anbaubild. Die Fingerhirse und zum Teil auch Sojabohnen stehen nun nicht mehr in Mischkultur mit Mais, sondern auf separaten Feldern. Der Übergang vollzieht sich etwa an der 2100 m-Höhenlinie, der auch ungefähr die Grenze zwischen Bamti und Shertu entspricht. Ethnische Besonderheiten können den

Wechsel nicht bedingen, da im unteren Teil von Shertu noch Kami und auch ein paar Chetri-Familien wohnen und die Sherpa erst weiter oben vorherrschen. Vielmehr zwingen die verlängerten Vegetationsperioden zu einer Umgestaltung der Fruchtfolge. Die Kornreife des *agua*-Maises verzögert sich hier bis weit in den September hinein. Dadurch wird die unter Mais gepflanzte Fingerhirse zu lange von diesem beschattet, so daß sie nicht mehr ausreifen kann. Von den beiden Sommerfrüchten kann entweder nur die eine oder die andere innerhalb einer Anbausaison auf demselben Feld angebaut werden. Falls man sie im zweijährigen Wechsel aufeinander folgen läßt, kann man nach Mais noch eine Winterfrucht einfügen. Zwischen Hirseernte (Mitte November) und Maissaat (Mitte März) ist der verbleibende Zeitraum jedoch für eine Winterbestellung zu kurz, was zu einer Höhenbrache führt. Somit können nur noch drei Haupternten in zwei Jahren — zwei Sommer- und eine Winterernte — erzielt werden.

Die über vier Anbauperioden laufende Rotation stimmt in ihrer Grundform (Typ B 1) von

1. Sommerfrucht	3. Sommerfrucht
2. Winterbrache	4. Winterfrucht

mit der aus Roshi beschriebenen zweijährigen Folge (s. S. 88) überein. Dort ist der *pajua*-Mais die Hauptfrucht des ersten Anbaugliedes; die Fingerhirse bildet nur eine Zweitfrucht.

Wenn man in Shertu auf Fingerhirse verzichtet, kann man ebenfalls in jedem Jahr Mais anbauen und in jedem zweiten Jahr zwischen *agua*-Mais und *pajua*-Mais noch eine Winterernte einbringen. Als Winterfrucht kommt dann allerdings nur Gerste oder Senf in Frage. Der Weizenschnitt verzögert sich in dieser Höhe bereits bis Mitte Juni, während der *pajua*-Mais spätestens Mitte Mai in den Boden muß. Bei Fingerhirse kann man eine Überschneidung der Vegetationsperioden durch Anzucht auf separaten Saatbeeten umgehen. Nur auf den Saatbeeten muß dann eine frühräumende Winterfrucht vorausgehen (Senf oder in günstigen Lagen sogar Gerste); die Pflanzfingerhirse kann auf Weizen folgen (Abb. 29).

In Shertu sind also zwei in ihrer Grundform identische zweijährige Anbaukombinationen möglich. Sie lauten:

	Folge 1	Folge 2
1. Jahr, Sommer:	Fingerhirse	*pajua*-Mais
Winter:	Brache	Brache
2. Jahr, Sommer:	*agua*-Mais	*agua*-Mais
Winter:	Weizen	Gerste, Raps

Die Fingerhirse steht von der zweiten Junihälfte bis Mitte November auf den Feldern. Der *pajua*-Mais erreicht Mitte Oktober die Kornreife. Die anschließende Winterbrache währt bis Mitte März und kann als Hutung genutzt werden. Als zweite Sommerfrucht folgt *agua*-Mais, der bis Mitte September ausreift. Zwischen dem 10. und 20. Oktober gelangt die Winterfrucht zur Aussaat.

97

Abb. 29: Umpflanzen der in Saatbeeten vorgezogenen Fingerhirse-
schößlinge in die abgeernteten und umgepflügten Weizenfelder, bei
Nyimare im südlichen Shorong, 2200 m ü. M.
Transplanting millet seedlings.　　Photo: W. Limberg, 6. Juli 1965

Folge 1 kann bis zur Höhengrenze der Fingerhirse angewandt werden. Die Obergrenze der Folge 2 liegt dort, wo die Termine für Gerstenschnitt und Maissaat
(*pajua*-Mais) praktisch zusammenfallen. Im Shertu verlaufen beide Grenzen zwischen 2300 und 2350 m. In den Grenzlagen muß die Gerste unter Umständen
halbgrün geschnitten und die Ähren müssen nachgetrocknet werden, damit man
den *pajua*-Mais noch rechtzeitig in den Boden bringen kann. Im Solu-Tal sah
ich am 14. Mai auf einem und demselben Feld mehrere Arbeitsgänge gleichzeitig
ablaufen: Auf der einen Seite wurde die Gerste von Frauen geschnitten, während
am anderen Ende die Männer bereits mit dem Pflügen begonnen hatten. Kinder
trugen das gebündelte Getreide auf Tragkörben zum Wohnhaus und brachten
Dung zurück aufs Feld. Am nächsten Abend sollte der Mais eingesät sein.

In Shertu stehen die beiden Folgen gleich stark nebeneinander. Allerdings ist eine gewisse vertikale Verteilung festzustellen. Im unteren Ortsteil dominiert Folge 1. Die hinduistischen Bauern scheinen traditionsgemäß größeren Wert als die Sherpa auf eine Fingerhirseernte zu legen. — Nach oben zu gewinnt jedoch Folge 2 den Vorrang. Einerseits sinkt hier die Rentabilität der Hirse rasch ab, andererseits streben die Sherpa einen möglichst hohen Maisertrag an. Die Maisharfen vor ihren Häusern gelten in ihrer Größe als Statussymbol.

Gegenüber den Hauptanbaufrüchten Mais, Fingerhirse, Weizen und Gerste treten die übrigen noch kultivierbaren Feldfrüchte Kartoffeln, Sojabohnen, Senf, Buchweizen, Taro und Steckrüben in den Hintergrund. Sie lassen sich aber alle leicht in die zweijährige Rotation einfügen und nehmen darin entweder die Stelle einer der genannten Hauptfrüchte ein oder werden mit diesen in Mischkultur gebaut. Die mir bekannt gewordenen Variations- und Kombinationsmöglichkeiten seien hier kurz zusammengestellt:

1. Anbauglied: An die Stelle der Fingerhirse, also nach Weizen, können Sojabohnen, Buchweizen und Steckrüben treten. Fingerhirse und Buchweizen kommen auch gemischt vor. Dabei stehen die Sojabohnen in Reihen von unterschiedlichem Abstand im Hirsefeld. Wenn Taro angebaut wird, steht er immer unter *pajua*-Mais. Aber auch Sojabohnen können mit *pajua*-Mais in Mischkultur treten.

Bei deutlichen Anzeichen von Bodenmüdigkeit, der nicht durch eine genügend starke Düngung entgegengewirkt werden kann, verzichtet man gelegentlich auf die erste Sommerfrucht und bracht von der Weizenernte bis zur Maisbestellung im nächsten Frühjahr (Typ B 2).

2. Anbauglied: Die Ernte aller Sommerfrüchte des ersten Gliedes liegt so spät und die Aussaat der des nächsten Sommers so früh, daß die Felder in den verbleibenden Wintermonaten unbestellt bleiben müssen, falls man die Fruchtfolge nicht sprengen will.

3. Anbauglied: An die Stelle von *agua*-Mais können Kartoffeln treten. Besonders Familien mit geringem Landbesitz pflanzen jedoch die Kartoffeln in Mischkultur mit Mais. Sie werden dabei entweder in einem Arbeitsgang zusammen mit dem Mais in alternierenden Furchen in den Boden gebracht oder vier bis sechs Wochen früher gelegt, so daß die jungen Pflanzen bei der Maissaat schon zu sehen sind[23].

---

[23] Der zweijährige Regenfeldlandtyp ist in seiner Grundform bis weit in den westlichen Himalaya zu verfolgen. In den mittleren Höhenlagen von Kumaon lautet die Fruchtfolge nach NITZ (1973, 6) „1. Fingerhirse, 2. Brache, 3. Trockenreis, 4. Weizen". Statt Mais wird dort also Trockenreis im Sommer des zweiten Jahres angebaut. Es ist in diesem Zusammenhang vielleicht interessant, daß mir die gleiche Fruchtfolge mit Trockenreis als ganz isoliertes Vorkommen und nur in sehr geringem Umfang in dem Rai-Dorf Basa (2000 m ü. M.) im Dudh Kosi-Tal begegnet ist. Das bestärkt die Vermutung W. HAFFNERS (1967, 404), daß vor der wahrscheinlich im 17. Jahrhundert erfolgten Einführung des Maises in Ost-Nepal die Kultivierung von Trockenreis im Rahmen dieser Fruchtfolge allgemein üblich gewesen ist. Er wird hier als nep. *ghāiyā* bezeichnet. Seine Vegetationsperiode (20. März bis Ende August/Anfang September) deckt sich fast genau mit der des *agua*-Maises. In Khali bei Basa fand ich Trockenreis auch im Wechselland. Er heißt dann *pākho dhān* = „Wechselland-Reis".

4. Anbauglied: Es kommen nur Weizen, Gerste und Senf vor. Ob Weizen oder Gerste bzw. Senf angebaut wird, hängt in der Regel von der nachfolgenden Sommerfrucht des ersten Anbaugliedes ab.

Die Karte zeigt ein ungeregeltes Nebeneinander von Mais einerseits und Hirse, Sojabohnen und Weizenstoppel (hier folgen z. T. später noch Buchweizen und Steckrüben) andererseits. Die zweijährigen Rotationen laufen also im Rahmen einer individuellen Zweifelderwirtschaft, wie sie uns auch schon in Roshi begegnet ist. Leider habe ich bei der Kartierung noch nicht zwischen *agua*-Mais und *pajua*-Mais differenziert. Daher ist der zweifeldrige Charakter im oberen Shertu und z. B. auch im benachbarten Garja auf der Anbaukarte weniger offensichtlich.
Nebenrotationen: Als Nebenrotation auf hausnahem Dungland findet man im unteren Shertu die aus Bamti beschriebene einjährige, einfeldrige Doppelfolge (Typ A 1):

> *Sommer:* pajua-Mais
> *Winter:* Gerste, Senf.

Ihr steht auf randlichen, schwach gedüngten Feldern ebenfalls eine einjährige, einfeldrige Folge gegenüber, in der Winter für Winter Weizen angebaut wird, der mit Sommerbrache wechselt (Typ A 3), also:

> *Sommer:* Brache
> *Winter:* Weizen

Die Weizenstoppel mit dem in den feuchten Sommermonaten schnell aufschießenden Unkraut dient als Hutung. In der Umgebung von Sotarmu und Lumbu werden ausgedehnte Flächen ausschließlich in dieser Form genutzt. Die Felder befinden sich im Besitz von Chetri-Familien aus Bamti und Roshi, die hier in den Sommermonaten zwischen Weizenernte (Mitte Juni) und erneuter Aussaat (Mitte Oktober) ihre Rinder und Wasserbüffel weiden. Die Sherpa stellen vielfach ihre Stoppelfelder den Chetri-Bauern aus den unteren Dörfern als Sommerweide zur Verfügung, um als Gegenleistung den Dung zu erhalten. Das Vieh wird dabei nachts angepflockt. Den angefallenen Kot verteilt man am nächsten Morgen sorgfältig in der Umgebung des Lagerplatzes, der langsam über das gesamte Feld wandert. Die verlassene Stelle wird jeweils sogleich umgepflügt. Zusätzlicher Dung steht für die Weizenfelder nicht zur Verfügung. Vor der Aussaat des Weizens erfolgt dann noch eine gründliche Bearbeitung. Dabei bricht man den Boden zunächst mit dem Hakenpflug noch einmal auf und zerkrümelt anschließend die Schollen mit der Hacke (Abb. 30 u. 31). Nur in unregelmäßigen Abständen legt man ein Brachjahr ein. Allerdings findet man hier auch alle Übergänge bis hin zur Landwechselwirtschaft.

▶

Abb. 30 und 31: Sherpa bei der Feldbearbeitung vor der Aussaat des Winterweizens bei Lumbu. Der Boden wird zunächst mit dem Hakenpflug noch einmal aufgebrochen und anschließend von Frauen mit der Hacke zerkrümelt.
Sherpas preparing a field for wheat cultivation.   Photos: W. Limberg, 1. Okt. 1967

Abb. 30

Abb. 31

Jhareni (2350—2500 m ü. M.)

Die in Shertu und den Siedlungen entsprechender Höhenlage, wie Sotarmu, Lumbu, Changma und Bhandar, noch so vielseitig ausgebildeten Anbaumöglichkeiten erfahren zwischen 2300 und 2350 m mit dem Ausfall der Fingerhirse und der Überschneidung von Gerstenernte und Saattermin für *pajua*-Mais eine starke Einengung. Auf eine Winterfrucht können jetzt, nachdem auch Sojabohnen und Taro ihre Höhengrenze erreicht haben, nur noch Buchweizen, Steckrüben oder Grünmais direkt folgen. Darauf wird aber so wenig Wert gelegt, daß sie nur einen Bruchteil der Anbaufläche einnehmen und nicht als vollwertige Ernteglieder gelten. Soweit sie überhaupt angebaut werden, stehen Buchweizen und Steckrüben nach Weizen; der Grünmais folgt der Gerste. In der Regel läßt man die Felder in den verbleibenden Sommermonaten nach der Winterfrucht unbestellt. Damit hat die Gerste ihre Funktion als schnellräumende Winterfrucht verloren, und sie rückt zugunsten des begehrteren Weizens ganz in den Hintergrund. Man nimmt dabei in Kauf, daß der Weizen — im Gegensatz zur Gerste — mitten in der feuchtesten und sonnenärmsten Zeit des Jahres geerntet wird und die Einbringung mit großen Schwierigkeiten verbunden ist. Man schneidet das tropfnasse Getreide mit der Sichel in halber Halmhöhe ab, bündelt es zu kleinen Garben, transportiert diese zum Wohnhaus und stapelt sie dort in den verfügbaren Räumen oder Unterständen locker auf. Im Laufe der nächsten Tage werden die Ähren abgeschnitten und nach und nach im Wohnraum auf einer über dem offenen Herdfeuer angebrachten Bambusmatte getrocknet. Scheint einmal in den frühen Morgenstunden die Sonne, schafft man das noch ungetrocknete Erntegut ins Freie und breitet es auf dem Hofplatz aus.

Der Anbau konzentriert sich in Jhareni also im wesentlichen auf die beiden Sommerfrüchte Mais und Kartoffeln und auf den Weizen als Winterfrucht. Auf hausnahem Dungland stehen Sommer für Sommer Mais und Kartoffeln in Mischkultur, gefolgt von Winterbrache (Typ A 2). Das Gegenstück finden wir auf hausfernen Feldern. Dort wechselt in gleicher Weise, wie von Shertu beschrieben, regelmäßig Weizen mit Sommerbrache (Typ A 3). Die Hauptrotation aber umschließt zwei Jahre und geht damit auch weiterhin mit einem Zweifeldersystem einher (Typ B 2). Sie lautet:

> 1. *Jahr, Sommer:* Brache
> *Winter:* Brache
> 2. *Jahr, Sommer:* Mais, zum Teil gemischt mit Kartoffeln, teils Mais teils Kartoffeln getrennt
> *Winter:* Weizen.

Das Verhältnis von Mais zu Kartoffeln variiert. Das Schwergewicht liegt aber immer beim Mais. Ein Informant gab allerdings an, daß er regelmäßig folgende vierjährige, aus zwei Zweifeldergliedern bestehende Fruchtfolge beachtet:

> 1. *Jahr, Sommer:* Brache
> *Winter:* Brache

2. Jahr, Sommer: Mais
      Winter: Weizen
3. Jahr, Sommer: Brache
      Winter: Brache
4. Jahr, Sommer: Kartoffeln
      Winter: Weizen

Gyangtar (2500—2700 m ü. M.)

Kartoffeln und Weizen sind in Gyangtar die Hauptanbaufrüchte. Der Mais kann in dieser Höhe die Kornreife nicht mehr erreichen und wird nur noch in sehr geringem Umfang als Grünmais angebaut. Auf Gerste verzichtet man auch hier fast ganz zugunsten des Weizens. Die Hauptrotation lautet:

1. Jahr, Sommer: Brache
      Winter: Brache
2. Jahr, Sommer: Kartoffeln
      Winter: Weizen

Abgesehen davon, daß die Kartoffel nun voll die Stelle des Maises eingenommen hat, besteht gegenüber Jhareni also kein Unterschied in der vorherrschenden Fruchtfolge (Typ B 2). Sie wird auch in unmittelbarer Hausnähe angewandt. Dort steht dann manchmal Grünmais zwischen den Kartoffeln. Auf einem Feldstück sah ich Kartoffeln, Grünmais und Stangenbohnen in Mischkultur. Auf Weizen können weiterhin Buchweizen und Steckrüben folgen. Davon wird aber auch in Gyangtar nur wenig Gebrauch gemacht. Die beiden Brachparzellen zwischen Gyangtar und Gupadanda tragen in jedem Winter Weizen (Typ A 3).

Deorali (2800 m ü. M.)

Das Weizenstoppelfeld unterhalb Deorali liegt hier unmittelbar an der Obergrenze des winterlichen Getreideanbaus. Höher hinauf ist im Bhandar-Gebiet nur noch ein reiner Sommerfeldbau möglich. Damit ist die Zone des Zweijahreszeitenfeldbaus überschritten. Die Anbaupause im Winter ist nun kältebedingt. Im Herbst ausgesäter Weizen würde auswintern, da er von keiner Schneedecke geschützt wird. Sommerweizen und Sommergerste kommen nicht vor; die warme Jahreszeit ist zu feucht und sonnenarm. Der Feldbau bleibt somit auf Kartoffeln, etwas Buchweizen und Steckrüben beschränkt.

Das Dauerackerland hat in Deorali nur eine geringe Ausdehnung. Alle Familien besitzen jedoch Felder in tieferen Lagen, nämlich in Lumbu, Bhandar oder Dhaduwa (am jenseitigen Hang zum Khimti Khola), wo sie einen vielseitigeren Anbau betreiben können. Hinzu kommt ein beträchtlicher Wechselfeldbau auf Kartoffeln und Buchweizen in der näheren und weiteren Umgebung von Deorali. Auf den gartengroßen hausnahen Parzellen werden Jahr für Jahr Kartoffeln kultiviert. Mit dem Legen der Kartoffeln kann man auch in dieser Höhenlage bereits Mitte Februar beginnen. Drei Sorten mit unterschiedlich langer Wachstumsdauer stehen dabei zur Auswahl. Frühgeräumte Feldstücke können Mitte Juli noch mit Rüben bepflanzt werden. Die Fruchtfolge heißt:

Sommer für Sommer: Kartoffeln, zum Teil mit einer Steckrübennachfrucht

5.2.4. Landwechselwirtschaft

Im Vorangegangenen zeigte sich immer wieder, daß — nach Art der Thünenschen Ringe — mit der Entfernung vom Wohnplatz die Intensität des Anbaus nachläßt. Der vorherrschende Streusiedlungscharakter läßt das allerdings nicht immer auf den ersten Blick deutlich werden. Die extensivste Anbauform finden wir im hausfernen Wechselland (*pākho*), das im Rahmen einer ungeregelten oder „wilden" Feldgraswirtschaft genutzt wird. Hier werden dem Boden nun nicht mehr planmäßig Nährstoffe zugeführt. Er muß sich vielmehr in den auf ein Baujahr bzw. -halbjahr folgenden Grasjahren auf natürliche Weise regenerieren.

Die Umlaufzeit ist ungeregelt. Sie umfaßt meist drei bis fünf, gelegentlich aber auch bis zu zehn oder mehr Jahre. Nach der Ernte wird das Land der Selbstberasung überlassen und als Weide genutzt. Eine Bodenpflege während der Brachjahre ist unbekannt. Es kommt daher leicht zu einer von Jahr zu Jahr zunehmenden Verbuschung (Rosaceen, Berberitzen). Vor der Bestellung säubert man die vorgesehene Fläche zunächst von Büschen und Sträuchern. Sodann wird die obere Bodenschicht umgehackt, zu kleinen Haufen zusammengekratzt und mit dem Holz angezündet. Später verstreut man das Asche-Erdgemisch und bringt das Saatgut ein.

Der Anbau im Wechselland unterliegt keiner so starken vertikalen Differenzierung wie die Felderwirtschaften. Daher wurde er zunächst zurückgestellt und soll hier nun geschlossen behandelt werden. Eine in allen Höhenlagen verbreitete Anbaufrucht des Wechsellandes ist der genügsame Buchweizen (nep. *phāpar*). Unterhalb ca. 2100 m, also im Chetri-Gebiet, tritt die Fingerhirse in Breitsaat hinzu. Weiter oben bei den Sherpa spielt die Kartoffel eine große Rolle (Abb. 32). Die Kartoffeln werden direkt in die ausgebrannten Aschehaufen gesetzt. In jüngerer Zeit ist man verstärkt dazu übergegangen, auf Kartoffeln noch Weizen folgen zu lassen. Der Weizen wird dann breitwürfig ausgesät, nachdem man die Erde der Kartoffelbeete wieder verteilt und den Boden gründlich mit Hacke und Pflug bearbeitet hat. Diese Form der Doppelnutzung ist nach unten durch die untere Anbaugrenze der Kartoffel als Sommerfrucht (ca. 2000 m) und nach oben durch die Kältegrenze des Weizens begrenzt.

In der Umgebung von Roshi und Bamti, wo alle für eine Terrassierung tauglichen Hänge in Dauerackerland umgewandelt sind, beschränkt sich die Landwechselwirtschaft auf wenige, gerade noch kultivierbare Flecken an den umliegenden Steilhängen. Im Umkreis der Sherpa-Siedlungen (mit ihren größeren Landreserven) unterliegen dagegen noch weite Flächen dieser extensiven Nutzungsform. Aus Dungmangel ist es den meisten Familien nicht möglich, ihre gesamte Betriebsfläche intensiv zu bewirtschaften. Außerdem ist die Agrarproduktion

Abb. 32: Kartoffelernte im Wechselland bei Bhandar-Deorali.
Harvesting potatoes in an outfield.   Photo: W. Limberg, 27. Aug. 1965

infolge der schlechten Transport- und Vermarktungsmöglichkeiten fast ausschließlich auf die Deckung des Eigenbedarfs ausgerichtet, und es fehlt somit der Anreiz, alles verfügbare Land optimal zu nutzen.

5.3. Anbaustufen und Anbaugrenzen in Solu-Khumbu

5.3.1. Die Höhenstufen des Feldbaus

Die Untersuchung der Anbauverhältnisse im Bhandar-Gebiet hat eine Fülle von Merkmalen für die Höhengliederung der Agrarlandschaft zwischen 1400 und 1800 m Meereshöhe aufgezeigt. Sie sind in der Beilage 5 zusammenfassend dargestellt. Für die Aussonderung von Höhenstufen des Feldbaus sind die Hauptfruchtfolgesysteme des *bāri*-Landes besonders geeignet, da es sich geschlossen über diesen Höhenbereich erstreckt. Die typischen Regenfeldrotationen lassen sechs deutlich getrennte Höhenstufen erkennen:

1. Stufe (bis 1500 m):
   Sommer für Sommer: agua-Mais — Fingerhirse
2. Stufe (1500—2100 m):
   Sommer: agua-Mais mit Fingerhirse kombiniert
   Winter: Brache

3. Stufe (2100—2350 m):

	Folge 1	Folge 2
1. Jahr, Sommer:	Fingerhirse	*pajua*-Mais
Winter:	Brache	Brache
2. Jahr, Sommer:	*agua*-Mais	*agua*-Mais
Winter:	Weizen	Gerste

4. Stufe (2350—ca. 2500 m):

1. Jahr, Sommer:	Brache
Winter:	Brache
2. Jahr, Sommer:	Mais
Winter:	Weizen

5. Stufe (2500—2750 m):

1. Jahr, Sommer:	Brache
Winter:	Brache
2. Jahr, Sommer:	Kartoffeln
Winter:	Weizen

6. Stufe (über 2750 m):

Sommer für Sommer:	Kartoffeln

Die Einheimischen haben für diese Höhenstufen eigene Bezeichnungen (s. Beilage 5). Die Chetri-Bauern nennen die wintertrockene Talstufe (1. Stufe) ‚Aul‘ (*aul*) Die 2. Stufe entspricht dem ‚Kadshad‘ (*kachār*), dessen Obergrenze zugleich mit der traditionellen oberen Dauersiedlungsgrenze der Chetri zusammenfällt. Alle höheren Lagen, wo im Winter bereits Schnee liegen bleiben kann, sind für die Chetri ‚Lekh‘ (*lekh*). Für den unteren, an das Kadshad angrenzenden Teil des Lekh verwenden die Chetri, seitdem sie sich dort in jüngerer Zeit verstärkt ansiedelten, den Namen ‚Lekh-Kadshad‘. Diese Teilstufe des Lekh reicht bis zur Höhengrenze der Fingerhirse und entspricht damit der 3. Stufe.

Das Lekh ist der Siedlungsraum der Sherpa. Sie bezeichnen die gesamte Feldbauzone bis zur Kältegrenze des Wintergetreides als ‚Rong‘ und die winterkalte Sommerfeldbaustufe (6. Stufe) als ‚Phu‘. Das ‚Rong‘ (sherp.: Tal) untergliedern sie in ‚Rong-Ting‘, ‚Ghar-Rong‘ und ‚Rong-Phu‘. ‚Rong-Ting‘ ist die von den Sherpa gemiedene Talzone im Reisbaugebiet, also das Aul und Kadshad der Chetri. ‚Ghar-Rong‘ (ghar = sherp.: Fingerhirse) heißt der untere Teil ihrer Siedlungszone, in der noch Fingerhirse angebaut werden kann, also das Lekh-Kadshad der Chetri. Darüber schließt sich das ‚Rong-Phu‘ an, d. h. der obere, am Phu gelegene Teil des Rong (4. und 5. Stufe).

Um kurze Bezeichnungen für die ausgeschiedenen Anbaustufen zur Hand zu haben, kombiniere ich die Chetri- und Sherpa-Begriffe und nenne im weiteren Verlauf dieser Untersuchung die

1. Stufe: Aul
2. Stufe: Kadshad
3. Stufe: Lekh-Kadshad

4. u. 5. Stufe: Rong-Phu
              a) unteres Rong-Phu (Mais-Weizen-Teilstufe)
              b) oberes Rong-Phu (Kartoffel-Weizen-Teilstufe)
6. Stufe: Phu

Als Sammelbegriff für Lekh-Kadshad und Rong-Phu verwende ich ‚Lekh'. Wie alle klimatisch bedingten Höhengrenzen sind auch die Grenzlinien der Anbaustufen je nach Exposition mehr oder weniger starken vertikalen Schwankungen unterworfen. Die im Bhandar-Gebiet ermittelten Werte dürfen daher nicht ohne weiteres auf das gesamte Untersuchungsgebiet übertragen werden. Um diese Abweichungen zu erfassen, habe ich in allen Teilen Solu-Khumbus neben Einzelbeobachtungen immer wieder Befragungen über die angewendeten Fruchtfolgesysteme und ihre Höhengrenzen durchgeführt. Auf dieser Grundlage beruht Beilage 6 ,,Höhenstufen des Feldbaus in Solu-Khumbu". Darin sind innerhalb des Untersuchungsgebietes, jedoch außerhalb des schraffierten Kernuntersuchungsraumes Bhandar, jene 73 Plätze durch Kreise besonders gekennzeichnet, an denen ich Befragungen durchführte. Im übrigen wurde der Verlauf der Grenzen interpoliert, orientiert an den Höhenlinien; dabei sind die Grenzbereiche jedoch immer wieder durch Befragungspunkte kontrolliert, so daß die Grenzen nicht einfach schematisch den Höhenlinien folgen. Doch sind die Stufen zusammenhängend dargestellt, also über reine Wald- und Weidegebiete und über unkultivierbare Steilhänge hinweg.

Das Rong-Phu ist auf der Karte nicht untergliedert, da sich die Maisgrenze zum Erhebungszeitpunkt aufgrund der Einführung einer neuen, widerstandsfähigeren Maissorte in einer starken Aufwärtsbewegung befand (vgl. S. 112). Weiterhin habe ich auf die Hervorhebung des Phu verzichtet, weil der Feldbau in Solu und Pharak nur an einigen wenigen Stellen die Kältegrenze des Wintergetreides wesentlich überschreitet und seine absolute Höhengrenze (vgl. S. 112f.) nirgendwo erreicht. Es sind nur die im Phu gelegenen Siedlungen mit Dauerackerland markiert, soweit sie durch Befragungen erfaßt wurden. Die 31 Kreissignaturen für Befragungsplätze außerhalb von Solu-Khumbu zeigen durch ihre Farbe die Zugehörigkeit zu den einzelnen Höhenstufen.

5.3.2. Die untere oder Trockengrenze des winterlichen Regenfeldbaus

Als markanteste Strukturgrenze im vertikalen Anbaugefüge des Bhandar-Gebietes ist die untere oder Trockengrenze des Wintergetreides hervorgetreten. Sie trennt die untere wintertrockene Sommerfeldbaustufe — das Aul — von der mittleren Zone des Zweijahreszeitenfeldbaus, dem Kadshad und Lekh. Diese Grenze wird innerhalb des Untersuchungsgebietes außer im Likhu-Tal nur noch im Maulung-Tal bei Jese und Gauridanda leicht unterschritten. Sie verläuft dort in Süd-Exposition und ebenfalls in 1500 m Meereshöhe.

Im mittleren Dudh Kosi-Tal und an den Unterläufen von Likhu Kola und Tamba Kosi erhielt ich mehrfach die Auskunft, daß in den Tieflagen nur bewässerte Winterfrüchte einen gesicherten Ernteertrag erbringen[24]. Für eine Irrigation steht dort allerdings im Winter nur an wenigen Plätzen Wasser zur Verfügung. Die zahlreichen kleinen Hangbäche, von denen während der niederschlagsreichen Monsunmonate das Wasser für die Überflutung der Naßreis-Terrassen abgezweigt wird, sind dann versiegt. Die größeren, im Sommer gewaltig anschwellenden Nebenflüsse bilden kümmerliche Rinnsale. Die Hauptflüsse sind zu tief eingeschnitten, als daß ihr Wasser im großen Umfang nutzbar gemacht werden könnte. So sind dort die weithin von Terrassentreppen überzogenen Hänge im Winter nahezu völlig kahl. Als kleine grüne Tupfen heben sich einzelne Bewässerungsfelder hervor, die sich nur gelegentlich auf den Schwemmkegeln der Nebenflüsse und in einzelnen Talweitungen entlang der Hauptflüsse zu größeren Komplexen zusammenschließen.

Auch im Kathmandu-Becken (1350 m ü. M.), wo Weizen im beträchtlichen Ausmaß als Winterfrucht auf den ausgedehnten *khet*-Feldern angebaut wird, muß während der Wachstumsperiode drei- bis viermal leicht bewässert werden. Zu diesem Zweck legt man nach der Reisernte unter großem Arbeitsaufwand wölbackerähnliche Beete an, die, aus der Luft betrachtet, die Felder wie Waschbretter erscheinen lassen. Das Irrigationswasser wird durch die Furchen geleitet. Beim Mainzer Symposium 1970 über vergleichende Kulturgeographie der Hochgebirge des südlichen Asien[25] wiesen mehrere Forscher unabhängig voneinander auf diese Trockengrenze des winterlichen Regenfeldbaus und ihre Lage in 1500 m Höhe hin (HAFFNER 1973a, 70; HEUBERGER 1973, 35f.; LIMBERG 1973, 25; UHLIG 1973a, 17). Es wäre aber wichtig, sie *im Detail* weiterzuverfolgen. HAFFNER und UHLIG führen sie in diesen Beiträgen ausschließlich auf den lokalklimatischen Effekt der Hang- und Talzirkulation zurück, der seine Höchstentwicklung in den „klimatischen Trockentälern" (SCHWEINFURTH 1956) findet.

Auf die Bedeutung der orographisch bestimmten Variabilität der Niederschlagsmengen wurde auf S. 85 (Punkt 3) bereits hingewiesen. Dabei scheint im Frühjahr das Kondensationsniveau an den Hängen generell so hoch zu liegen, daß unterhalb 1300—1500 m Meereshöhe die Feuchtigkeit nirgends mehr für einen winterlichen Regenfeldbau ausreicht, wie bereits betont wurde.

Meine eigenen Beobachtungen haben überall in den unteren Gebirgslagen ergeben, daß die Bauern unterhalb dieser Grenze nicht mehr mit gesicherten winterlichen *bāri*-Ernten rechnen und daher die Regenfelder nach der Sommerernte unbestellt lassen.

Auf ihrem weiteren Verlauf nach Westen ist diese Trockengrenze noch wenig bekannt. In Kumaon ermöglichen die zunehmenden Winterniederschläge unter dem Einfluß der Westwindzirkulation offensichtlich einen winterlichen Regen-

---

[24] Das bestätigen auch die Beobachtungen von HEUBERGER (1973, 35f.) aus dem Dudh Kosi-Tal.

[25] Im Rahmen der Kommission für erdwissenschaftliche Forschung der Akademie der Wissenschaften und der Literatur in Mainz unter der Leitung von C. TROLL und H. UHLIG, veröffentlicht in *Erdwissenschaftliche Forschung* 5, 1973.

feldbau in noch tieferen Lagen (NITZ 1966, 318), wobei allerdings auch dort zur Erzielung höherer Ernteerträge jede sich bietende Möglichkeit zur Bewässerung ausgenützt wird.

5.3.3. Die Höhengrenze des Naßreisbaus

Beim Naßreisbau ist zwischen einer absoluten oberen Anbaugrenze und der Rentabilitätsgrenze zu unterscheiden. Der in Bhandar-Dokarpa festgestellte Maximalwert von 2120 m wird an keiner anderen Stelle des Untersuchungsgebietes erreicht. Bei Siruwa, Goli und Rawa im Likhu-Tal sowie Jese im Maulung-Tal und Kongdel im südlichen Solu-Tal reichen die höchsten Naßreisparzellen jeweils bis dicht an die 2000 m-Höhenlinie heran. In Garjang im Khimti-Tal befindet sich noch ein kleiner Naßreis-Terrassenkomplex direkt am Fluß in 1950 m Höhe. Da auf dem sanftgeneigten Schwemmkegel von Garjang die Anlage von Bewässerungsterrassen in weitaus größerem Umfang und ohne besonderen Aufwand möglich wäre, wird deutlich, daß sich der Reisanbau in dieser Höhe offensichtlich nicht mehr lohnt. Dennoch wollen die hier lebenden Chetri, die über keine Felder in den tieferen Lagen verfügen, nicht ganz auf die eigene Reisproduktion verzichten.

Im Bhandar-Gebiet hat der Reis erst vor kurzem die 2000 m-Höhenlinie überschritten, nachdem ein zugewanderter Brahmin nach mehrjährigen Experimenten mit verschiedenen Reissorten im Jahre 1964 mit einer aus West-Nepal eingeführten Varietät bescheidene Erfolge erzielte. Daraufhin legten auch einige benachbarte Sherpa Naßreisfelder an. Doch schon 1967 hatten sie den Reisbau zum Teil wieder aufgegeben oder zumindest stark reduziert. Der Aufwand war ihnen bei einem Saatgut-Erntegut-Verhältnis von nur 1 : 10 zu groß.

An der Obergrenze des *khet*-Komplexes von Bamti in 1850 m Meereshöhe übersteigt der Ernteertrag das eingebrachte Saatgut um das Zwanzigfache. Dieses Verhältnis wird als gerade noch befriedigend betrachtet. Bis maximal 1850 m ziehen sich auch in anderen Chetri-Siedlungen des Likhu-Tals und im südlichen Solu-Tal ausgedehnte Naßreisterrassenkomplexe an den Hängen empor. In dieser Höhe dürfte hier also die Rentabilitätsgrenze verlaufen.

5.3.4. Die Obergrenze der einjährigen Mais-Fingerhirse-Winterbrache-Rotation

Der Übergang von der typischen einjährigen, einfeldrigen Mais-Fingerhirse-Winterbrache-Anbaukombination des Kadshad zu dem zweijährigen, zweifeldrigen System des Lekh ist nicht überall an eine so klare Grenzlinie gebunden wie zwischen Bamti und Shertu. Die Regel ist eine allmähliche Ablösung zwischen 2000 und 2100 m. Besonders Familien mit geringem Landbesitz bevorzugen dort noch die einjährige Folge, wobei sie vor dem Umpflanzen der Fingerhirse ins Maisfeld schon eine Kartoffel-Unterfrucht geerntet haben, während andere Bauern bereits die zweijährige Folge anwenden und Mais und Hirse auf getrennten Feldstücken nebeneinander anbauen. In sonnenärmeren Lagen liefert die unter Mais gepflanzte Fingerhirse nur bis knapp 2000 m zufriedenstellende Erträge, und die

Zweifelderwirtschaften können bereits ab 1900 m stärker in den Vordergrund treten. Im Khimti-Tal ist das Kadshad gerade noch angeschnitten. Während in Chuchure (1900 m) noch fast ausschließlich einjährige Fruchtfolgen angewandt werden, dominiert in Garjang (2000 m) das zweijährige Anbauschema. Nur im Likhu-Tal dringt die Kadshad-Stufe weit talaufwärts bis unterhalb Kyama vor. An Maulung und Solu-Khola tritt sie wiederum gerade noch in den südlichen Randgebieten in Erscheinung.

5.3.5. Die Kältegrenze der Fingerhirse und die Obergrenze der zweijährigen Fruchtfolgesysteme mit drei Ernten in zwei Jahren

Im Kartierungsgebiet von Bhandar liegt das höchste Hirsevorkommen und damit die Obergrenze der zweijährigen Hirse-Brache-Mais-Weizen-Folge in 2320 m Höhe. Auf der gegenüberliegenden Talseite des Likhu Khola reicht die Fingerhirse nur bis knapp 2200 m. Auch im Khimti-Tal pendelt die Grenze je nach Exposition zwischen etwa 2200 und 2300 m. Die höchsten Hirsefelder fand ich im mittleren Solu-Tal bei Khoria in 2400 m an südost-exponierten Hängen. Jenseits des Tragsindo-Passes, wo das Sherpa-Gebiet von Solu auf das Dudh Kosi-Tal übergreift, verläuft die Hirsegrenze bei Yawa und Deku in genau 2200 m Höhe. Der gleiche Wert wurde am Nordhang der Thale-Danda (südliches Solu-Tal) unterhalb Angpang ermittelt. Im Maulung-Gebiet kann sie in ungünstigen Lagen sogar bis auf 2100 m absinken.

Die Obergrenze der zweijährigen Mais-Brache-Mais-Gerste-Folge deckt sich im Bhandar-Panchayat mit der Hirsegrenze. Nirgendwo fällt sie unter 2300 m ab und verläuft in Pulika, Angpang und Deku gut 100 m oberhalb der Hirsegrenze. Bei Khoria erreicht sie wie die Fingerhirse die 2400 m-Höhenlinie.

Wo die beiden Grenzen divergieren, kann die Obergrenze des Lekh-Kadshad nicht mit der Hirsegrenze gleichgesetzt werden, da das zweijährige Grundschema mit drei Haupternten in zwei Jahren als wichtigstes Abgrenzungskriterium zur nächsthöheren Anbaustufe gilt. Es kommt dort zu einer deutlichen Zweigliederung des Lekh-Kadshad, wie sie auch schon in Shertu angeklungen ist: In der unteren Teilstufe stehen Mais und Fingerhirse nebeneinander, während in der oberen Teilstufe zur gleichen Zeit die Felder einheitlich mit Mais (teils *agua*, teils *pajua*) bestellt sind. Einige Orte, wie z. B. der Gurung-Weiler Angpang im Kerung-Panchayat, liegen geschlossen oberhalb der Hirsegrenze, aber noch ganz im Lekh-Kadshad. In Angpang reicht die Ackerflur aber noch bis unter die Hirsegrenze hinab, so daß die Bewohner nicht auf den Anbau dieser Sommerfrucht verzichten müssen. In dem abgelegenen unteren Flurteil wendet man allerdings eine besondere zweijährige, zweifeldrige Fruchtfolge an. Da für diese Felder nicht viel Dung abgezweigt werden kann und man auf dem hausnahen Ackerland genügend Mais anbaut, läßt man den Mais als Ernteglied aus und bracht von der Ernte der Fingerhirse bis zur Aussaat des Weizens. Die Fruchtfolge lautet also:

   1. Jahr, Sommer: Fingerhirse
     Winter: Brache

2. Jahr, Sommer: Brache
Winter: Weizen

Wie beim Rotations-Typ B 2 (vgl. S. 91 f.) werden also innerhalb von zwei Jahren je eine Winterfrucht und eine Sommerfrucht eingebracht. Die Sommerfrucht steht jetzt jedoch nicht vor, sondern nach der Winterfrucht.

5.3.6. Die Maisgrenze

Vergleicht man die Beobachtungen anderer Autoren zur Mais-Grenze in Ost-Nepal, so wird offenbar, daß diese wichtige agronomische Strukturlinie nur schwer zu bestimmen ist. So reicht nach HEUBERGER (1956, 25) der Mais im Sherpa-Gebiet Ost-Nepals „gewöhnlich bis 2600 m in Dschunbesi [Junbesi] und Mosdscho [Mondzo] bis 2800 m und Taktu [Tragdobuk] bis 2850 m". Für Zentral-Nepal gibt KAWAKITA (1956, 71) als absolute Höhengrenze 2740 m und als Rentabilitätsgrenze 2400 m an. HAFFNER (1967, 403) schreibt, daß nach seiner Meinung die Höhengrenze rentablen Maisanbaus bereits bei 2100 m liege; in seinem Diagramm „Vertikale Gliederung von Klima, Pflanzenkleid, Landnutzung und Siedlung in Ost-Nepal" (1967, 393) ist die Höhengrenze des Maises bei 2800 m eingezeichnet.

Aus den Angaben geht zunächst hervor, daß beim Mais, ähnlich wie beim Naß-reis, zwischen einer absoluten Höhengrenze und einer Rentabilitätsgrenze zu unterscheiden ist. Die von HAFFNER angegebenen Werte liegen mit einer Differenz von 700 m zu weit auseinander, um zutreffen zu können. Die Rentabilitätsgrenze wurde von ihm viel zu tief angesetzt, und zwar vielleicht aufgrund der Folgerung, daß sie dort liegen muß, wo der Bereich des Winterweizenanbaus nach unten zunehmend „durch eine Zone des ewigen Maisbaus" begrenzt wird. Das ist allerdings, wie sich gezeigt hat, bei etwa 2100 m der Fall. Es handelt sich aber dabei nicht um die Rentabilitätsgrenze des Maises, sondern um die Obergrenze der einjährigen, einfeldrigen Mais-Fingerhirse-Kombination. Höher hinauf muß der Mais zurücktreten, da die Fingerhirse nun einen Teil der *bāri*-Felder beansprucht und zugleich in der zweijährigen Rotation den Anbau von Winterweizen zuläßt. Der Mais liefert trotzdem auch weiterhin hohe Ernteerträge.

Die von Kawakita für Zentral-Nepal angegebene Höhe von 2400 m für die Rentabilitätsgrenze deckt sich in etwa mit meinen Beobachtungen im Bhandar-Gebiet. Aber auch die von HEUBERGER genannten 2600 m sind nicht falsch. Die Diskrepanz von 200 m ist mit dem in allen Hochgebirgen zu beobachtenden Ansteigen der Höhengrenzen zum Gebirgsinneren hin zu erklären. Im nördlichen Talabschnitt des Solu Khola und in Pharak ist der Mais tatsächlich bis 2600 m allgemein verbreitet. Kurz vor Erreichen dieser Höhenlinie tritt er in einigen Siedlungen wie Ledingma und Chhaunrikharka sogar plötzlich auf Kosten des Winterweizens stark in den Vordergrund. Als typische Fruchtfolge findet man hier wieder den alljährlichen Maisanbau. Daraus geht hervor, daß sich der Maisanbau auch in dieser Höhe noch durchaus lohnen muß. Die Erklärung für dieses letzte Dominieren des Maises ist einfach: Die Fluren dieser Orte werden durch die Rentabilitätsgrenze des Maises vertikal untergliedert. Man reserviert die unteren

Lagen möglichst für den Mais. Der Weizen wird dadurch auf die höhergelegenen Flurteile verdrängt. Kartoffeln stehen unten mit dem Mais in Mischkultur und oben im Fruchtwechsel mit Weizen.

Die Rentabilitätsgrenze des Maises ist nichts anderes als die *Höhengrenze des Körnermaises*. Bis hierher erreicht der Mais nach den Erfahrungen der Bauern regelmäßig die Kornreife und liefert bei guter Düngung immer noch einen doppelt so hohen Ertrag wie der Weizen. Daher bleibt er auch bis hierher die Leitkultur des *bāri*-Landes, und wenn man von einer Maisgrenze spricht, dann ist ihre obere Begrenzung mit der Höhengrenze des Körnermaises gleichzusetzen.

Die von HEUBERGER festgestellten Vorkommen in Junbesi, Mondzo und Tragdobuk liegen bzw. lagen (s. u.) bereits oberhalb der Körnermaisgrenze, wo der Mais noch auf dem hausnahen Dungland als *Grünmais* angebaut wird. Soweit er dort noch die Milchreife erreicht, verwendet man die Kolben als Gemüse. Ansonsten dient er ausschließlich für die Zugochsen als Futter.

Meine Erhebungen zum Verlauf der oberen Anbaugrenze des Körnermaises stammen vornehmlich aus dem Jahre 1965. Dabei wurden im Solu-Tal und in Pharak allgemein Werte zwischen 2500 und 2600 m und in den übrigen Tälern zwischen 2400 und 2500 m ermittelt. Auf eine kartographische Darstellung dieser wichtigen Höhengrenze verzichte ich jedoch, da heute wahrscheinlich sämtliche Werte überholt sind. Infolge der Einführung einer neuen, kälteresistenteren Maissorte aus Darjeeling hat sich die Grenze inzwischen beträchtlich nach oben verschoben. So verlief sie z. B. in Gora im Jahre 1965 noch weit unterhalb des Ortes bei 2500 m. Bei meinem zweiten Besuch im Jahre 1967 war sie um 300 m (!) auf 2800 m emporgeschnellt. Sicherlich wird heute auch in anderen Siedlungen entsprechender Höhenlage die „Darjeeling-*makai*" die Kartoffel als wichtigste Feldfrucht abgelöst haben.

5.3.7. Die Kältegrenze des winterlichen Regenfeldbaus

Die obere oder Kältegrenze des Wintergetreides, welche die breite Zone des Zweijahreszeitenfeldbaus von der oberen winterkalten Sommerfeldbaustufe, dem Phu, trennt, verläuft im Bhandar-Gebiet bei 2750 m. In Gyapchhuwa kann Winterfeldbau bis 2800 m betrieben werden, oberhalb Pulika dagegen in Nord-Exposition nur bis 2700 m. In Choarma, der letzten Dauersiedlung im Likhu-Tal, liegen die höchsten Weizenfelder bei 2850 m. Im Khimti-Gebiet erreichen sie in Soktuwa eine Höhe von 2750 m. Auch im Maulung-Tal dürfte die Kältegrenze des Wintergetreides je nach Exposition zwischen 2700 und 2800 m pendeln (bei Patale: 2750 m). Ein sprunghaftes Ansteigen ist dann wiederum im Tal des Solu Khola festzustellen. Dort verläuft die Obergrenze allgemein zwischen 2900 und 3000 m, um im nördlichsten Talabschnitt bei Phukmoche sogar die 3000 m-Höhenlinie zu überschreiten. Im Dudh Kosi-Tal baut man Winterweizen in Gumnemera bis 2800 m und in Chhulemo bis 2750 m an. In Pharak wurden durchweg wieder 3000 m ermittelt.

5.3.8. Die Höhengrenze des Feldbaus

In Solu und Pharak geht der Feldbau nur in Ausnahmefällen über die Kältegrenze des Wintergetreides hinaus. Im Likhu-Tal sind Bhandar-Deorali und das

am Gegenhang in 3000 m Höhe gelegene Golela die einzigen bäuerlichen Dauersiedlungen oberhalb der Wintergetreidegrenze. Wie die Bewohner von Deorali,
so besitzen aber auch die Sherpa von Golela noch Felder in tieferen Lagen.

Am Solu Khola erreicht lediglich Phukmoche die Stufe des höhenbedingten
Sommerfeldbaus (Phu). Im übrigen ist hier die Bindung der höchsten bäuerlichen
Dauersiedlungen und damit des Feldbaus auf Dauerackerland an die Winterfeld-
baugrenze besonders deutlich ausgeprägt. Die Dauerackerfluren von Salung, Junbesi, Mopung, Sungjinma und Pangkarma enden genau an der Weizengrenze und
steigen mit dieser von 3000 m in Salung auf 3040 m unterhalb von Phukmoche
an. Darüber findet höchstens noch in einem schmalen Streifen etwas Wechselfeldbau auf Kartoffeln statt. Ansonsten ist das Phu Weidegebiet.

In den Gärten der zum Teil weit oben im Phu gelegenen lamaistischen Kloster-
siedlungen Thodung (3000 m), Ngowur (3400 m), Dolakha (3200 m) und Tragsindo (2000 m) sowie zahlreicher Einsiedeleien bauen die Mönche und Eremiten
noch Kartoffeln an. Sie werden jedoch überwiegend von den Sherpa-Bauern mit
Nahrungsmitteln versorgt. Auch der Abt des neuerrichteten Klosters Sengephuk,
das nördlich Phukmoche in 4000 m Höhe am Rande eines kleinen eiszeitlichen
Gletscherzungenbeckens oberhalb der Waldgrenze liegt, prüfte nach Heuberger
(mdl. Mitt.) im Jahre 1966 die Möglichkeit eines Kartoffelanbaus. Die Sherpa von
Pharak kultivieren auch auf ihren Yak-Almen von Lungsamba (in 4063 m Höhe
im Quellgebiet des Inku Khola) Kartoffeln für die Versorgung des Almpersonals.
In Khumbu geht der Kartoffelanbau noch höher hinauf. Der höchste Acker wurde
dort von Heuberger[26] bei der Sommersiedlung Dragnag[27] (4690 m) am Ngozumpa-
Gletscher festgestellt.

Die Khumbu-Dörfer liegen insgesamt weit oberhalb der Kältegrenze des Wintergetreides. Der Ackerbau hat hier überhaupt erst seit der Einführung der Kartoffel
um die Mitte des 19. Jahrhunderts eine größere Bedeutung erlangt. Weidewirt-
schaft und Tibet-Handel bildeten bis dahin praktisch ausschließlich die Lebensgrundlage der Bevölkerung. Der Buchweizen und der Ertrag der auf die Sommersiedlung Dingpoche (4350 m) beschränkten Sommergerstefelder konnte für die
Ernährung nicht annähernd ausreichen. Auch heute, da die Äcker von Khumbu
den beachtlichen Kartoffelkonsum der dortigen Sherpa decken, werden noch zu-
zusätzlich Zerealien (besonders Reis, Mais, Hirse und Weizen) aus den tieferen
Gebirgslagen eingeführt.

Der von vielen Khumbu-Reisenden erwähnte Anbau von bewässerter Sommergerste in Dingpoche ist das einzige Vorkommen in Solu-Khumbu. Die Sommersiedlung Dingpoche liegt auf einer Schwemmfläche, die unmittelbar nach der
spätglazialen Teilung von Khumbu- und Imjagletscher entweder noch unmittelbar durch den Eisrand des Khumbu-Gletschers oder von dessen Moränen aufge-
staut wurde (mündl. Mitteilung H. Heuberger). Für die Zuleitung des Bewässe-

---

[26] *Westermann Lexikon der Geographie*, Band 2, 1969, 780, Stichwort „Khumbu".

[27] In der 1. Auflage (1967) der Karte *Khumbu Himal* 1 : 50.000 fälschlicherweise als Chhugy-
uma bezeichnet.

rungswassers aus dem Imja-Fluß genügt bei dem kräftigen Gefälle der Talsohle eine minimale Strecke.

Die wichtigere Begünstigung für den Anbau tibetischer Sommergerste liefert aber das Klima: Hier gilt bereits die Frühjahrs-, z. T. sogar die relative Sommertrockenheit des Innerhimalaya, die für das innere Khumbu durch F. MÜLLERS (1958/59, 206) Messung von 390 mm Niederschlägen für die Zeit vom 12. April bis 26. November 1956 bei Gorakshep am Khumbugletscher in 5300 m bekannt wurde. Das bedeutet zugleich hohe Sonnenscheindauer. An klaren Tagen liegt Dingpoche vom späten Vormittag bis zum späten Nachmittag in der Sonne. Die fehlende Feuchtigkeit für die Anfang März ausgesäte und gegen Ende September geerntete tibetische Gerste wird durch mehrmalige Feldbewässerung zugeführt.

Dingpoche gehört damit zu einem Sommerfeldbautyp, wie er bereits für das tibetische Hochland charakteristisch ist. Als einziger Platz Solu-Khumbus liefert es Tsampa-Gerste, das wichtigste tibetische Grundnahrungsmittel, auf das die Sherpa von Khumbu auch nach der Umstellung auf Kartoffelnahrung besonders für Wanderfahrten (Handel, Pilgerfahrten, Expeditionen) großen Wert legen.

Es ist nicht bekannt, ob die tibetische Gerste früher auch an anderen Stellen des Khumbu kultiviert wurde. Wenn das zuträfe, dann müssen die Erträge zweifelhaft gewesen sein.

Dingpoche hat — aus diesen Gründen vielleicht nicht ganz zufällig — auch historische Bedeutung: Hier wurde vor der Einwanderung der Sherpa eine jener beiden Einsiedeleien von Tibet aus errichtet, die zur Erkundung des Khumbu führten (OPPITZ 1968, 77). Die Gerste wechselt in Dingpoche meist mehr oder weniger regelmäßig mit Kartoffeln, die hier Ende März/Anfang April gepflanzt und um den 10. September geerntet werden und gleichfalls auf eine leichte Irrigation angewiesen sind.

Schon sechs Kilometer talabwärts baut man in Pangpoche (4000 m), der höchsten bäuerlichen Dauersiedlung Solu-Khumbus, wie sonst überall im Khumbu und den im Phu gelegenen Siedlungen Solus, Jahr für Jahr Kartoffeln auf Regenfeldland an. Nur in unregelmäßigen, mehrjährigen Abständen wird ein Buchweizenjahr eingelegt. Steckrüben stehen gelegentlich mit Kartoffeln in Mischkultur. Mit der Bestellung der Kartoffelfelder kann man in Namche Bazar und der Nebensiedlung Trashinga bereits Ende Februar, in den übrigen Dörfern frühestens in der zweiten Märzhälfte beginnen. Die Ernte erfolgt ab Mitte August bzw. Mitte September. Mit der Buchweizensaat wartet man bis zum Abschluß der Arbeiten auf den Kartoffelfeldern. Die Vegetationsperiode des Buchweizens beträgt in Pangpoche rund fünfeinhalb Monate.

ANHANG 1

Die Bevölkerung in den Gemeinde-Panchayaten von Solu-Khumbu, untergliedert nach Wohnplätzen und Gruppenzugehörigkeit

In Nepal sind in den Jahren 1952/54, 1961 und 1971 nationale Volkszählungen durchgeführt worden; detaillierte Ergebnisse auf der Basis der Gemeinde-Panchayate, die Auskunft geben könnten über Art, Zusammensetzung und Verteilung der Bevölkerung, wurden jedoch in keinem Fall publiziert und waren auch bei dem zuständigen statistischen Amt in Kathmandu nicht einzusehen. R. Schmid (1969, 34) vermutet aufgrund seiner vergeblichen Bemühungen, statistische Daten für die Region Jiri zu erhalten, daß „alle in den Distrikthauptorten gesammelten Daten, zusammen mit denen der nationalen Volkszählung von 1952/54 und 1961, zum Teil auf groben Schätzungen beruhen müssen".

Auch uns war es in den Gemeinde-Panchayaten des westlichen Solu (mit Ausnahme von Bhandar) nicht möglich, zuverlässige Zahlen zu bekommen. Eigene Erhebungen konnten dort aus Zeitmangel nur in einigen wenigen Orten durchgeführt werden. Alle übrigen Angaben für die Gemeinde-Panchayate Chuchure, Gumdel und Shoma sind sehr ungenau (vgl. die Quellenangaben zu den einzelnen Tabellen); sie vermitteln trotzdem eine grobe Orientierung.

Mehr Glück hatten wir dagegen in den übrigen Teilen unseres Untersuchungsgebietes. In Salleri, dem Verwaltungssitz des Distrikts Solu-Khumbu, lagen — außer für Namche Bazar — ziemlich vollständige Einwohnerlisten für die einzelnen Gemeinde-Panchayate vor, die von uns kopiert und dann in den Gemeinden mit Hilfe einheimischer Informanten überprüft und ergänzt wurden. Trotzdem bleiben einige Ungenauigkeiten.

So ist die Zahl der Gharti/Bhujel und Yemba vielfach zu niedrig angegeben. Viele Angehörige dieser Gruppen leben als festangestellte Arbeitskräfte in den Haushalten von Sherpa oder Chetri. Sie waren daher — wenn überhaupt — als Mitglieder des Haushalts ihres Arbeitgebers registriert und sind von uns dann oft versehentlich dessen Volksgruppe zugeordnet worden. Auch bei der Unterscheidung von ‚Khamba' und ‚Yemba', die in den Listen oft unterschiedslos als ‚Bhote' (= Tibeter) bezeichnet waren, dürften uns des öfteren Fehler unterlaufen sein. Wahrscheinlich ist es mehrfach zu Verwechslungen zwischen ‚Sunwar' (Volksgruppe) und ‚Sunar' (= Goldschmied und damit Angehöriger der unberührbaren Handwerkerkaste der Kami) gekommen. Insgesamt dürfte die Zuverlässigkeit des Zahlenmaterials über die Sherpa am höchsten sein, da ihnen bei unserer Feldarbeit das Hauptaugenmerk galt und bei den Befragungen über die Clanzugehörigkeit Fehler und Lücken in den Einwohnerlisten am ehesten festgestellt werden konnten.

Trotz der genannten Mängel und auch trotz der inzwischen eingetretenen Veränderungen kommt den hier vorgelegten Ergebnissen unserer demographischen Erhebungen eine besondere Bedeutung zu, da selbst für die Zukunft amtliche statistische Daten höchstens auf der Ebene der Gemeinde-Panchayate zu erwarten sind, nicht jedoch für die einzelnen Wohnplätze. Die kleinräumlichen Differenzierungen in der Verteilung und ethnosozialen Zusammensetzung der Bevölkerung werden darin kaum in Erscheinung treten.

Nicht alle Namen der in den nachfolgenden Tabellen aufgeführten Wohnplätze sind in der Karte „Verteilung der Bevölkerungsgruppen in Solu-Khumbu" (Beilage 1) enthalten. Für die kartographische Darstellung mußten die Einwohnerzahlen dieser Orte dem nächstgelegenen, namentlich bezeichneten Wohnplatz zugeschlagen werden. In den Tabellen habe ich die in der Karte enthaltenen Wohnplätze in alphabetischer Reihenfolge aufgeführt. Die übrigen Orte wurden ihnen entsprechend der kartographischen Darstellung zugeordnet.

Gemeinde-Panchayat/Village panchayat: **Bhandar**

Wohnplatz Place	Sherpa	Khamba Tibeter	Chetri	Bahun	Kami	Damai	Gharti Bhujel	Yemba	Tamang	Magar	Newar	Gurung	Rai (R) Sunwar (S)	Gesamt Total
1	2	3	4	5	6	7	8	9	10	11	12	13	14	15
Bamti	—	—	395	9	67	49	15	—	—	—	—	3	—	538
Bhandar	80	—	21	—	4	10	23	—	13	—	—	—	—	151
+Changma	23	10	23	3	—	—	—	—	—	—	22	—	—	81
+Jhareni	30	—	—	—	—	—	—	—	—	5	—	—	—	35
+Sim	73	—	—	—	—	—	—	—	—	—	—	—	—	73
Chamaru	30	—	—	—	—	—	—	—	—	7	—	—	—	37
Deorali	134	—	—	—	—	—	—	—	—	—	—	—	—	134
Dokarpa	19	—	—	—	—	—	2	1	—	—	—	—	—	22
+Chhukarpo	20	—	1	6	7	—	14	—	—	—	—	—	—	48
Lumbu	29	4	—	—	—	—	—	11	—	—	—	—	—	44
Panga	—	—	110	—	70	46	42	—	—	—	—	—	—	268
+Chaba	—	—	37	—	—	—	—	—	—	—	—	—	—	37
+Jumma	5	—	24	—	2	—	18	8	—	—	—	—	—	57
Pekarnasa	—	—	70	—	—	—	—	—	—	—	—	—	—	70
Roshi	—	—	338	—	—	—	25	—	—	—	—	—	—	363

Gemeinde-Panchayat/Village panchayat: **Bhandar** *(Fortsetzung)*

Wohnplatz Place	Sherpa	Khamba Tibeter	Chetri	Bahun	Kami	Damai	Gharti Bhujel	Yemba	Tamang	Magar	Newar	Gurung	Rai (R) Sunwar (S)	Gesamt Total
	2	3	4	5	6	7	8	9	10	11	12	13	14	15
Shertu	66	—	7	—	111	7	—	—	7	—	—	—	—	198
+Gaichepe	40	—	—	—	—	—	—	—	—	—	—	—	—	40
Sotarmu	27	4	—	—	—	—	11	10	—	—	—	—	—	52
+Garja	4	—	—	—	—	5	—	77	—	—	—	—	—	86
+Gupadanda	21	—	—	—	—	—	—	—	11	—	—	—	—	32
+Gyangtar	33	—	—	—	—	—	—	—	—	—	—	—	—	33
+Kahare	—	—	—	—	—	—	—	16	—	—	—	—	—	16
Thapra	—	—	98	—	—	—	8	—	—	—	4	—	—	110
+Balding	—	—	19	—	—	—	—	—	—	—	—	—	—	19
+Gorunda	—	—	28	—	—	—	—	—	—	—	5	—	—	33
+Manidanda	—	—	19	—	—	—	—	—	—	—	—	—	—	19
+Talche	—	—	22	—	—	—	—	—	—	—	—	—	—	22
Thodung Gonda	9	2	—	—	—	—	—	—	1	—	—	—	—	12
Gesamt/Total:	643	20	1212	18	261	117	158	123	32	12	31	3	—	2630

Quelle: Panchayat-Einwohnerlisten von 1964, ergänzt durch eigene Erhebungen 1965.
Sources: Village panchayat registers 1964 supplemented by W. Limberg in 1965.

118

Gemeinde-Panchayat/Village panchayat: **Chaunrikharka**

Wohnplatz Place	Sherpa	Khamba Tibeter	Chetri	Bahun	Kami	Damai	Gharti Bhujel	Yemba	Tamang	Magar	Newar	Gurung	Rai (R) Sunwar (S)	Gesamt Total
1	2	3	4	5	6	7	8	9	10	11	12	13	14	15
Bom	114	–	–	–	–	–	–	–	–	–	–	–	–	114
Buwa (Surke)	74	–	–	–	–	–	–	–	–	–	–	–	–	74
Chaunrikharka	190	8	–	–	–	–	–	–	–	–	–	–	–	198
Chumowa	23	21	–	–	–	–	–	–	–	–	–	–	–	44
Ghat	91	66	–	–	–	–	–	–	–	–	–	–	–	157
Gyuphede	59	–	–	–	13	–	–	–	–	–	–	–	–	72
Jorsale	29	–	–	–	–	–	–	–	–	–	–	–	–	29
Lomdza	54	32	–	–	–	–	–	–	–	–	–	–	–	86
Luklha	155	–	–	–	–	–	–	–	–	–	–	–	–	155
Mondzo	42	28	–	–	–	–	–	–	–	–	–	–	–	70
Nakjung	21	–	–	–	–	–	–	–	–	–	–	–	–	21
Phakdingma	43	6	–	–	–	–	–	–	–	–	–	–	–	49
Rimijung	92	7	–	–	22	–	–	–	–	–	–	–	–	121
Seongma	12	32	–	–	–	–	–	–	–	–	–	–	–	44
Tate	35	9	–	–	–	–	–	–	–	–	–	–	–	44
Tsermadingma	29	8	–	–	–	–	–	–	–	–	–	–	–	37
Gesamt/Total:	1063	217	–	–	35	–	–	–	–	–	–	–	–	1315

Quellen: Panchayat-Einwohnerlisten von 1964.
Sources: Village panchayat registers 1964.

Gemeinde-Panchayat/Village panchayat: **Chuchure**

Wohnplatz Place	Sherpa	Khamba Tibeter	Chetri	Bahun	Kami	Damai	Gharti Bhujel	Yemba	Tamang	Magar	Newar	Gurung	Rai (R) Sunwar (S)	Gesamt Total
1	2	3	4	5	6	7	8	9	10	11	12	13	14	15
Baluwa	vorherrschende Volksgruppe:								Chetri					250
Buldanda	vorherrschende Volksgruppe:								Sherpa					117
Chuchure	vorherrschende Volksgruppe:								Newar und Chetri					117
Dadhuwa	vorherrschende Volksgruppe:								Sherpa					103
Garjang	vorherrschende Volksgruppe:								Chetri und Sherpa					421
Ilchhire	vorherrschende Volksgruppe:								Chetri					196
Khare	vorherrschende Volksgruppe:								Sherpa					161
Sangbadanda	vorherrschende Volksgruppe:								Sherpa und Chetri					193
+Chalam Khola														80
+Garja														82
Gesamt/Total:	400	—	900	20	100	—	50	50	120	—	140	—	—	1780

Quelle: Mitteilung des Panchayat-Vorstehers.
Sources: Informations supplied by the panchayat chairman.

120

Gemeinde-Panchayat/Village panchayat: **Dunda-Siruwa**

Wohnplatz Place	Sherpa	Khamba Tibeter	Chetri	Bahun	Kami	Damai	Gharti Bhujel	Yemba	Tamang	Magar	Newar	Gurung	Rai (R) Sunwar (S)	Gesamt Total
1	2	3	4	5	6	7	8	9	10	11	12	13	14	15
Chumbok-Kenja	—	—	27	—	26	—	85	7	4	20	—	—	3 (S)	172
Churungkharka	87	—	3	—	—	—	14	17	39	—	8	—	17 (S)	185
Damjangma	22	—	—	—	44	—	—	19	24	—	—	—	3 (S)	112
Dudele	9	—	12	—	1	—	—	5	—	—	—	—	3 (S)	30
+Ningale	—	—	—	—	11	—	12	—	27	—	—	—	—	50
Dunda	—	—	276	—	29	—	36	—	—	—	10	—	—	341
Lepelu	—	—	68	—	—	—	—	40	—	—	—	—	—	118
Namkili	32	—	48	—	21	—	12	27	—	—	—	—	—	140
Sagar-Baganje	231	—	—	—	50	5	—	—	17	—	—	—	—	303
Sagardanda	—	—	86	—	27	—	—	—	—	—	—	—	—	113
Sete	47	—	—	—	—	—	—	—	—	—	—	—	—	47
Siruwa	—	—	299	5	—	—	28	—	—	—	18	8	—	358
+Chamargaon	—	—	30	—	—	—	—	40	—	—	—	—	—	70
+Chamlakharka	—	—	208	—	72	—	—	—	—	—	—	—	—	280
+Dorma	—	—	70	—	—	—	—	—	—	—	—	—	—	70
+Kichang	—	—	26	—	—	—	—	—	—	—	—	—	—	26
Thelma	—	—	98	6	—	—	7	—	—	—	—	4	11 (S)	126
Gesamt/Total:	428	—	1251	11	281	5	194	155	111	20	36	12	37 (S)	2541

Quelle: Panchayat-Einwohnerlisten 1964.
Sources: Village panchayat registers 1964.

Gemeinde-Panchayat/Village panchayat: **Garma**

Wohnplatz Place	Sherpa	Khamba Tibeter	Chetri	Bahun	Kami	Damai	Gharti Bhujel	Yemba	Tamang	Magar	Newar	Gurung	Rai (R) Sunwar (S)	Gesamt Total
1	2	3	4	5	6	7	8	9	10	11	12	13	14	15
Bhittakharka	170	—	53	—	32	—	25	—	24	5	76	—	—	385
Dandakharka	51	—	—	—	—	—	—	—	—	—	—	—	—	51
Garma	162	—	—	—	—	—	34	—	1	—	50	—	—	247
Laptsegang	85	—	—	—	—	—	—	—	—	—	—	—	—	85
Metokpake	94	—	—	—	23	—	7	—	—	—	—	—	—	124
Nashing	69	—	69	—	36	—	22	—	18	—	45	—	—	259
Nyimare	89	—	12	—	—	—	2	—	8	9	57	—	6 (R)	183
Paor-Salme	60	—	6	—	1	—	—	—	—	13	25	—	1 (R)	106
Sharshingma	69	—	94	—	14	—	—	—	—	—	13	—	—	190
Thalleri	144	—	—	—	12	—	4	—	—	—	—	—	—	160
Toshing	33	—	—	—	—	—	—	—	—	—	—	—	—	33
Gesamt/Total:	1026	—	234	—	118	—	94	—	51	27	266	—	7	1823

Quelle: Panchayat-Einwohnerlisten von 1964, ergänzt durch eigene Erhebungen 1965.
Sources: Village panchayat registers 1964 supplemented by W. LIMBERG in 1965.

Gemeinde-Panchayat/Village panchayat: **Goli**

Wohnplatz Place	Sherpa	Khamba Tibeter	Chetri	Bahun	Kami	Damai	Gharti Bhujel	Yemba	Tamang	Magar	Newar	Gurung	Rai (R) Sunwar (S)	Gesamt Total
1	2	3	4	5	6	7	8	9	10	11	12	13	14	15
Bushinga	157	25	56	—	—	—	—	—	—	—	—	5	5 (S)	248
Golela	162	11	—	—	—	—	—	—	—	—	—	—	—	173
Goli	—	—	248	7	21	—	6	—	—	—	—	—	—	282
+Katsepu	116	—	42	—	—	—	8	—	67	—	—	—	—	233
+Meshi	—	—	286	—	17	18	—	—	—	10	—	—	—	331
+Pokhari	—	—	138	20	—	—	16	—	—	—	—	—	86 (S)	260
Gyapchhuwa	150	6	—	—	26	—	—	—	—	—	—	—	—	182
+Gurmeshi	45	29	7	—	—	—	17	—	—	—	—	—	—	98
+Naktan/Thelma	100	5	8	—	—	—	24	—	20	—	4	—	—	161
Kapte	83	—	7	—	—	—	13	—	—	—	—	—	—	103
Ngowur	12	—	—	—	—	—	—	—	—	—	—	—	—	12
Yarmakhu	—	—	198	17	6	11	46	79	—	—	—	—	—	357
Gesamt/Total:	825	76	990	44	70	29	130	79	87	10	4	5	91	2440

Quelle: Panchayat-Einwohnerlisten von 1964.
Sources: Village panchayat registers 1964.

Gemeinde-Panchayat/Village panchayat: **Gora**

Wohnplatz Place	Sherpa	Khamba Tibeter	Chetri	Bahun	Kami	Damai	Gharti Bhujel	Yemba	Tamang	Magar	Newar	Gurung	Rai (R) Sunwar (S)	Gesamt Total
	2	3	4	5	6	7	8	9	10	11	12	13	14	15
Banjhe	9	—	—	—	—	—	—	—	—	126	—	—	—	135
Changba	167	—	—	—	—	—	—	—	—	—	—	—	—	167
Choarna (Chewar)	85	—	8	—	26	—	—	—	13	—	—	—	—	132
Dandakharka	102	—	—	—	12	—	—	—	9	—	11	—	—	134
Dharapani	—	—	—	—	—	—	—	—	189	—	—	—	—	189
Dimbele	102	—	—	—	—	—	—	—	—	—	—	—	—	102
Gora	241	—	—	—	—	—	—	—	—	—	—	—	—	241
Jantarkhani	—	—	—	—	79	—	—	—	—	396	12	—	—	487
Khamding	59	—	—	—	11	—	—	—	5	—	—	—	—	75
Lapcha	—	—	—	—	—	—	—	—	269	—	—	—	—	269
Lumsa	173	—	34	—	32	—	7	—	26	—	—	—	—	272
Maidane	72	—	—	—	—	—	—	—	—	—	—	—	—	72
Patangie	—	—	—	—	7	—	—	—	—	222	23	—	—	252
Shishakhola	—	—	13	—	—	—	2	—	6	—	—	—	—	21
Tapting	136	—	—	—	—	—	—	9	—	—	—	—	—	145
Gesamt/Total:	1146	—	55	—	167	—	9	9	517	744	46	—	—	2693

Quelle: Panchayat-Einwohnerlisten von 1964.
Sources: Village panchayat registers 1964.

124

Gemeinde-Panchayat/Village panchayat: **Gumdel**

Wohnplatz Place	Sherpa	Khamba Tibeter	Chetri	Bahun	Kami	Damai	Gharti Bhujel	Yemba	Tamang	Magar	Newar	Gurung	Rai (R) Sunwar (S)	Gesamt Total
1	2	3	4	5	6	7	8	9	10	11	12	13	14	15
Balding	10	—	126	—	6	—	11	—	—	—	—	—	—	153
Changnyima	99	vorherrschende Volksgruppe:									Sherpa	—	—	?
Choarma			1	—	—	—	3	—	9	2		—	—	114
Gowangma		vorherrschende Volksgruppe:									Sherpa	—	—	?
Gumdel	125	—	7	—	28	—	—	13	—	—	—	—	—	173
Korem														?
Kyama	172	—	—	—	—	—	—	—	—	—	—	—	—	172
Patkare		vorherrschende Volksgruppe:									Chetri	—	—	?
Rangam														?
Techerma/Tekam	179	—	5	—	—	—	—	—	5	—	—	—	—	189
+Dapsading	56	—	—	—	—	—	—	—	—	—	—	—	—	56
Gesamt/Total:	700	—	600	—	80	—	50	50	27	—	—	—	—	1507

Quellen: Balding, Choarma, Gumdel, Kyama, Tekam und Dapsading: Panchayat-Einwohnerlisten von 1964. Die übrigen Angaben beruhen auf Schätzungen des Panchayat-Vorstehers.

Sources: Balding, Choarma, Gumdel, Kyama, Tekam and Dapsading: Village panchayat registers 1964. The other data are estimates of the panchayat chairman.

Gemeinde-Panchayat/Village panchayat: **Junbesi**

Wohnplatz Place	Sherpa	Khamba Tibeter	Chetri	Bahun	Kami	Damai	Gharti Bhujel	Yemba	Tamang	Magar	Newar	Gurung	Rai (R) Sunwar (S)	Gesamt Total
1	2	3	4	5	6	7	8	9	10	11	12	13	14	15
Beni	36	—	—	—	—	—	—	—	—	20	4	—	—	60
+Tarkebuk	—	—	—	—	—	—	10	18	—	—	—	—	—	28
Chhulemo	154	—	—	—	7	—	—	—	—	—	—	—	—	161
Daltsangma	53	—	—	—	—	—	—	—	—	—	—	—	—	53
Deku	83	—	—	—	7	—	—	—	4	6	—	—	—	100
Dolange	33	—	—	—	—	—	—	—	—	—	—	—	—	33
Domphuk	55	—	—	—	—	—	—	—	—	—	—	—	—	55
Junbesi	145	—	—	—	11	—	—	—	—	—	—	—	—	156
+Ukpa	24	—	—	—	—	—	—	—	—	—	—	—	—	24
Ledingma	195	8	—	—	—	—	—	—	10	—	—	—	—	213
Lhanying (Khamje)	69	—	—	—	22	—	—	—	—	—	12	—	—	103
Mathok-Tambakhani	21	6	—	—	—	—	—	—	—	42	—	—	—	69
Mopung	78	2	—	—	—	—	—	—	—	—	—	—	—	80
Pangkarma	48	—	—	—	—	—	—	—	—	—	—	—	—	48
Phera	211	—	—	—	18	—	—	—	—	—	—	—	—	229
Phukmoche	16	—	—	—	—	—	6	—	—	—	—	—	—	22

Gemeinde-Panchayat/Village panchayat: **Junbesi** (*Fortsetzung*)

Wohnplatz Place 1	Sherpa 2	Khamba Tibeter 3	Chetri 4	Bahun 5	Kami 6	Damai 7	Gharti Bhujel 8	Yemba 9	Tamang 10	Magar 11	Newar 12	Gurung 13	Rai (R) Sunwar (S) 14	Gesamt Total 15
Pikebuk	12	—	—	—	—	—	—	—	—	—	—	—	—	12
Ringmo	88	—	—	—	—	—	—	—	—	—	—	—	—	88
+Gornbo	31	—	—	—	—	—	—	—	—	—	—	—	—	31
+Laphrok	12	—	—	—	—	—	—	—	—	—	—	—	—	12
+Selanga	14	—	—	—	—	—	—	—	—	—	—	—	—	14
Salabesi	82	—	—	—	27	—	—	—	—	—	10	—	—	119
+Lekhani	10	5	—	—	—	—	—	—	—	—	—	—	—	15
Salung	55	—	—	—	—	—	—	—	—	—	—	—	—	55
Siteling	7	—	—	—	—	—	—	—	28	—	—	—	—	35
Sungjinma	30	2	1	—	—	—	—	—	—	—	—	—	—	33
Tragdobuk	55	—	—	—	12	—	—	—	—	—	—	—	—	67
Yawa	128	—	—	—	—	—	—	—	—	—	—	—	—	128
Gesamt/Total:	1745	23	1	—	104	—	16	18	42	68	26	—	—	2043

Quelle: Panchayat-Einwohnerlisten von 1964, ergänzt durch Erhebungen gemeinsam mit M. OPPITZ von 1965.
Sources: Village panchayat registers 1964, supplemented by W. LIMBERG and M. OPPITZ in 1965.

Gemeinde-Panchayat/Village panchayat: **Kerung**

Wohnplatz Place	Sherpa	Khamba Tibeter	Chetri	Bahun	Kami	Damai	Gharti Bhujel	Yemba	Tamang	Magar	Newar	Gurung	Rai (R) Sunwar (S)	Gesamt Total
1	2	3	4	5	6	7	8	9	10	11	12	13	14	15
Angpang	14	–	4	–	–	8	–	–	–	47	–	72	–	149
Bagang	90	–	–	–	4	–	–	–	70	225	5	–	–	394
Changetar	–	–	27	–	–	–	–	5	37	76	7	–	–	152
Changsar	28	–	–	–	–	–	4	–	–	–	–	–	–	32
Gurmise	5	–	–	–	–	–	–	–	–	89	–	5	–	99
Kerung	179	–	–	–	–	–	7	–	–	26	28	10	–	250
Lakhop	107	–	–	–	–	–	–	–	–	–	–	–	–	107
Mure	–	–	–	–	–	–	–	–	–	198	–	10	–	208
Surke	–	–	71	–	–	–	–	–	23	9	–	–	–	103
Taktsor (Singane)	76	–	–	–	11	–	–	–	52	–	4	–	–	143
Thade	–	–	29	–	6	–	–	–	171	178	–	–	–	384
Gesamt/Total:	499	–	131	–	21	8	11	5	353	848	44	97	–	2017

Quelle: Panchayat-Einwohnerlisten von 1964, ergänzt durch Erhebungen von M. OPPITZ 1965.
Sources: Village panchayat registers 1964 supplemented by M. OPPITZ in 1965.

Gemeinde-Panchayat/Village panchayat: **Namche Bazar**

Wohnplatz Place	Sherpa	Khamba Tibeter	Chetri	Bahun	Kami	Damai	Gharti Bhujel	Yemba	Tamang	Magar	Newar	Gurung	Rai (R) Sunwar (S)	Gesamt Total
1	2[1]	3	4	5	6	7	8	9	10	11	12	13	14	15
Khumjung	227	162	—	—	—	—	—	—	—	—	—	—	—	389
Kunde	181	22	—	—	—	—	—	—	—	—	—	—	—	203
Namche Bazar	204	184	—	—	21	—	—	—	—	—	—	—	—	409
Pangboche	143	69	—	—	—	—	—	—	—	—	—	—	—	212
Phortse	121	135	—	—	—	—	—	—	—	—	—	—	—	256
Thame Og	77	—	—	—	—	—	—	—	—	—	—	—	—	77
Thame Teng	34	—	—	—	—	—	—	—	—	—	—	—	—	34
Yulajung	40	14	—	—	—	—	—	—	—	—	—	—	—	54
Tengpoche Gonda	20	12	—	—	—	—	—	—	—	—	—	—	—	32
Deboche Gonda	10	5	—	—	—	—	—	—	—	—	—	—	—	15
Gesamt/Total:	1057	603	—	—	21	—	—	—	—	—	—	—	—	1681

Quelle: Unvollständige Panchayat-Einwohnerlisten von 1964, durch eigene Erhebungen in Kunde, Khumjung, Phortse, Pangboche und Namche Bazar ergänzt.

Sources: Incomplete village panchayat registers 1964, supplemented in Kunde, Khumjung, Phortse, Pangboche and Namche Bazar by W. LIMBERG 1965.

[1] Einschließlich der „neueren Clans" und „Pseudoclans" im Sinne von M. OPPITZ (1968, 92 ff.).

9 Sherpa V

129

Gemeinde-Panchayat/Village panchayat: **Patale**

Wohnplatz Place	Sherpa	Khamba Tibeter	Chetri	Bahun	Kami	Damai	Gharti Bhujel	Yemba	Tamang	Magar	Newar	Gurung	Rai (R) Sunwar (S)	Gesamt Total
	2	3	4	5	6	7	8	9	10	11	12	13	14	15
Chermading	257	—	—	—	36	—	—	—	16	—	—	—	—	309
Dolakha	60	9	—	—	—	—	1	—	—	—	—	—	—	70
Dorkharka	275	—	—	—	7	—	—	—	4	—	—	—	—	286
Gauridanda	—	—	123	—	—	—	—	—	13	—	—	—	—	136
Jese	—	—	50	16	19	—	—	—	150	—	—	—	79 (S)	314
Kattike	26	—	—	—	40	—	37	—	20	—	—	—	—	123
Khosrubot	75	—	—	—	—	—	20	—	—	—	—	—	—	95
Majhkharka	6	—	—	—	—	—	—	—	—	—	—	—	—	6
Nalidanda	104	—	—	—	4	—	—	—	—	58	—	—	—	166
Patale	150	—	—	—	—	—	37	—	—	—	—	—	—	187
Rachane	55	—	—	—	—	15	—	—	—	2	39	—	4 (S)	115
Rangel	48	—	—	—	—	—	—	—	—	27	—	—	—	75
Ripal	135	—	—	—	24	—	—	—	29	—	—	—	—	188
Salme	126	—	37	—	11	—	—	—	6	—	—	—	—	180
Sepli	—	—	62	—	—	—	—	—	—	—	—	—	36 (S)	98
Talkot	43	—	8	—	—	—	—	—	—	69	—	—	—	120
Tawur	117	—	—	—	—	—	—	—	—	—	—	—	—	117
Gesamt/Total:	1477	9	280	16	141	15	95	—	238	156	39	—	119	2585

Quelle: Panchayat-Einwohnerlisten von 1964.
Sources: Village panchayat registers 1964.

130

Gemeinde-Panchayat/Village panchayat: **Phaphlu-Salleri**

Wohnplatz Place	Sherpa	Khamba Tibeter	Chetri	Bahun	Kami	Damai	Gharti Bhujel	Yemba	Tamang	Magar	Newar	Gurung	Rai (R) Sunwar (S)	Gesamt Total
	2	3	4	5	6	7	8	9	10	11	12	13	14	15
Bagang	74	—	—	—	—	—	—	—	—	—	—	—	—	74
Boldok	—	—	—	—	—	—	—	—	121	—	—	—	—	121
Chalsa	197	600	—	—	—	—	—	—	—	—	—	—	—	797
Chhunakpo	136	—	—	—	—	—	—	—	—	—	—	—	—	136
Chiwangkhop	64	—	—	—	—	—	—	—	—	—	—	—	—	64
Chutok	65	18	—	—	—	—	—	—	—	—	—	—	—	83
Dorphu-Chhulemo	164	—	2	—	—	8	—	—	22	11	216	—	—	426
Dzambuk	47	—	—	—	—	—	—	—	—	—	16	—	—	63
Dzedok	42	—	—	—	17	—	—	—	—	—	—	—	—	59
Garekhasa	32	—	—	—	—	—	—	—	—	—	—	—	—	32
Khoria	245	4	—	—	18	—	—	—	—	—	37	4	—	308
Kunakhop	42	—	—	—	—	—	—	—	358	—	—	—	—	400
Lura	54	—	—	—	—	—	—	—	29	—	—	—	—	83
Phaphlu	86	5	—	—	60	6	7	—	—	—	16	—	—	180
Roshi	60	—	31	8	—	—	—	—	—	—	—	—	—	99
Salleri	77	1	23	—	40	—	—	—	25	—	52	—	—	218
Sherka	136	6	—	—	—	—	—	—	—	—	—	—	—	142
Surke (Pikyongma)	83	—	—	—	15	—	—	—	—	—	—	—	—	98
Tragibuk	27	—	—	—	—	—	—	—	—	—	—	—	—	27
Trateng	111	—	—	—	74	—	—	—	—	—	—	—	—	185
Gesamt/Total:	1742	634	56	8	224	14	7	—	555	11	337	4	—	3592

Quelle: Panchayat-Einwohnerlisten von 1964, ergänzt durch eigene Erhebungen gemeinsam mit M. OPPITZ 1965.
Sources: Village panchayat registers 1964, supplemented by W. LIMBERG and M. OPPITZ in 1965.

9°

131

Gemeinde-Panchayat/Village panchayat: **Shoma**

Wohnplatz / Place	Sherpa	Khamba / Tibeter	Chetri	Bahun	Kami	Damai	Gharti / Bhujel	Yemba	Tamang	Magar	Newar	Gurung	Rai (R) / Sunwar (S)	Gesamt / Total
1	2	3	4	5	6	7	8	9	10	11	12	13	14	15
Doban	—	—	40	15	—	—	—	—	—	—	—	—	20 (S)	75
Lora	50	—	25	—	—	—	—	—	5	—	—	—	—	80
Lungsampa	70	—	10	—	5	—	—	—	—	—	—	—	5 (S)	90
Mali	—	—	90	—	—	—	—	85	—	—	—	—	—	175
+Bukini	5	—	5	—	—	—	—	10	—	—	—	—	—	20
+Lamagaon	5	—	35	5	—	—	—	45	—	—	—	—	—	90
+Patashe	—	—	—	—	—	—	—	—	25	—	—	—	—	25
Metangsur	35	—	55	—	—	—	—	—	—	—	5	—	—	95
Panglema	55	—	—	—	—	5	—	—	—	—	—	—	—	60
+Dokap	10	—	35	—	—	—	—	—	—	—	—	—	—	45
Pumpa	80	—	35	—	45	5	5	5	—	—	—	—	—	175
+Razam	5	—	15	5	—	—	—	10	—	—	—	—	—	35
+Yimba	—	—	10	—	—	—	—	—	15	—	—	—	—	25
Rabu	70	—	85	5	—	—	—	—	—	—	—	—	—	160
Sewa	45	—	20	40	10	—	—	—	15	—	—	—	10 (S)	140
+Bhirkharka	35	—	300	30	30	5	15	40	—	—	—	—	10 (R) 5 (S)	470

Gemeinde-Panchayat/Village panchayat: **Shoma** (*Fortsetzung*)

Wohnplatz Place	Sherpa	Khamba Tibeter	Chetri	Bahun	Kami	Damai	Gharti Bhujel	Yemba	Tamang	Magar	Newar	Gurung	Rai (R) Sunwar (S)	Gesamt Total
1	2	3	4	5	6	7	8	9	10	11	12	13	14	15
Shingbuwa	25	—	60	—	—	15	—	—	—	—	—	—	—	100
Shoma-Hadikhola	10	—	285	10	—	45	—	125	—	—	10	—	—	485
Shoma-Kapsaphedi	10	—	225	110	—	50	—	5	—	—	5	—	—	405
Soktuwa (Dhunge)	185	—	20	—	—	—	5	—	—	—	—	—	—	210
Yarsa	—	—	90	—	—	—	—	—	—	—	—	—	—	90
+Bolde Yelung (mit Chermading)	—	—	10	—	—	—	—	—	—	—	—	—	5 (S)	15
Roshing und Serpakhasa)	125	—	50	5	35	5	—	400	—	—	—	50	—	670
Gesamt/Total:	815	—	1500	230	125	130	25	725	60	—	20	50	10 (R) 45 (S)	3735

Quellen: Verzeichnis der Haushaltsvorstände. Die Zahl der Haushalte wurde mit dem Durchschnittswert 5 multipliziert. Die Zuordnung von ‚Sherpa' und ‚Yemba' war nicht immer eindeutig.

Sources: Household list supplied by the panchayat chairman. Number of households multiplied by 5. 'Sherpa' and 'Yemba' could not always be clearly discerned.

ANHANG 2

Lāl mohar aus dem Jahre 1853

Das Original befindet sich im Besitz des Sherpa Rinjin Lama, Deorali, Bhandar-Panchayat. Übersetzung mit Hilfe von G. B. KALIKOTE und M. R. SHERMA.

An die *gemba*, *mijhār* und *gorcha* und die übrigen *kipaṭiya* in den *pargannā* von Solu.

In der Vergangenheit haben Wir bereits mehrmals die jährlich fälligen Steuern auf Euer *kipaṭ*-Land, welches Euere Vorfahren von den Sunwar und den Kiranti aus Khinji, Raghani, Kati, Dolu, Pirti, Rasnalu, Rumjatar und Tekanpur gekauft haben, neu festgesetzt. Nachdem Ihr eine Petition eingereicht hattet, daß Ihr die von den *amāli* um 371 Rupien erhöhte *wajabi*-Steuer zusätzlich zu den *asmāni*-Abgaben nicht aufbringen könntet, haben Wir mit *lāl mohar* von 1847 die Steuern reduziert. Aufgrund Euerer Petition, die Uns von Maharaj Kumar Prime Minister Commander-in-Chief General Jang Bahadur Kuwar Ranaji und Commander-in-Chief General Bam Bahadur Kuwar Ranaji zugeleitet wurde, wurde Uns bekannt, daß die *amāli* Steuern unterschiedlichster Art ganz nach Belieben festsetzen, daß sie Euch zu unbezahlten Trägerdiensten verpflichteten, daß Ihr um eine Grundsteuer in angemessener Höhe bittet und daß alle Einzelabgaben mit der *asmāni*-Steuer abgegolten werden, damit Ihr Euch der Rechte über Euer Land erfreuen könntet.

Ihr sollt Euch ohne Einschränkung der Eigentumsrechte über Euer *kipaṭ*-Land erfreuen. Wie schon in früheren *lāl mohar* bestätigt, ist es Euch erlaubt, daß zwei Brüder eine gemeinsame Ehefrau haben. Ehen können geschlossen werden, wenn die Partner über drei Generationen nicht miteinander verwandt sind. Der *dwāre* soll sich nicht in Euere Handelsgeschäfte einmischen. Diese sollen wie bisher üblich abgewickelt werden. Die Bewohner von Solu dürfen Handel mit Tibet nur über Namche Bazar treiben.

Vom Jahre 1854 beträgt die von Euch insgesamt zu entrichtende Steuer 4201 Rupien, davon 3097 Rupien als *wajabi* und 1104 Rupien als *asmāni*. Darüber hinaus seid Ihr nur verpflichtet, die vom Premierminister authorisierten Regierungsabgesandten zu bewirten.

Entrichtet die festgesetzten Beträge in vier Jahresraten an den *dwāre* und laßt Euch Quittungen darüber ausstellen. Die eingezahlten Beträge müssen der *pargannā* gutgeschrieben werden, in der sie erhoben wurden. *gemba* und *mijhār* dürfen in ihren *pargannā* nicht mehr Steuern einziehen als festgesetzt. Überschüssige Beträge sind an die Bewohner zurückzuzahlen. Wird der festgesetzte Betrag nicht erreicht, so muß die Differenz auf alle Bewohner gleichmäßig umgelegt werden. Falls die Steuern in einem Jahr von Uns erlassen werden, dürfen sie von den *mijhār* und *gemba* nicht eingezogen werden.

Ihr sollt miteinander in Frieden und Eintracht leben. Streitigkeiten sind von den *mijhār* und *gemba* nach Anhören beider Seiten zu schlichten und alle Vergehen mit Ausnahme von *pãc khat* gerecht zu bestrafen. Falls die *mijhār* und *gemba* sich etwas zuschulden kommen lassen, so sollen die Bewohner bei Uns über den Premierminister Beschwerde einlegen. Wird einem *mijhār* oder einem *gemba* eine Unregelmäßigkeit nachgewiesen, so wird er seines Amtes enthoben, nach dem Gesetz bestraft und ein anderer auf Vorschlag der Bewohner an seiner Stelle ernannt.

Wir setzen hiermit die Steuern und Abgaben auf Euer *kipaṭ*-Land laut nachstehender Aufstellung fest. In Zukunft sollt Ihr Euch der vollen Rechte über Euer *kipaṭ*-Land erfreuen. Entrichtet die festgesetzten Beträge in vier Jahresraten. Seid loyal gegenüber dem *dwāre* und Uns. Lebt in Frieden und Eintracht.

Gegeben am 10. Tage des Monats *māgh*, 1853

Aufstellung

Steuersätze (in Rupien):

Steuerbezirk (*parganna̅*):	*wajabi*	*asma̅ni*	Gesamt
Nyimare (433)	90,00	36,50	126,50
Dorip-Salleri (431)	103,00	34,00	137,00
Tragsindo (311)	75,00	29,00	104,00
Dzedok-Ghunsa (432)	28,00	14,00	42,00
Khamje (321)	28,00	12,50	40,50
Tumshe (435)	60,00	22,00	82,00
Garma (133)	101,00	43,00	144,00
Thalleri (325)	90,00	29,50	119,50
Chhulemo (322)	51,00	20,50	71,50
Chutok (323)	15,00	5,50	20,50
Toshing (434)	28,00	7,00	35,00
Toshing-Paor (324)	6,00	3,50	9,50
Junbesi (101)	24,00	96,00	120,00
Ledingma (Loding) (441)	52,00	22,00	74,00
Mopung (312)	73,00	23,00	96,00
Salabesi (442)	40,00	23,00	63,00
Khoria (326)	100,00	23,00	123,00
Bhittakharka (330)	70,00	23,00	93,00
Kanku (Rai-Kipat)	186,00	61,00	247,00
Khali (Rai-Kipat)	101,00	33,00	134,00
Phuleli (Rai-Kipat)	51,00	14,00	65,00
Lapcha (200)	277,00	84,50	361,50

Steuerbezirk (*pargannā*):	*wajabi*	*asmāni*	Gesamt
Patale-Lamdanda (451)	230,00	74,50	304,50
Likhu-Rawa (422)	66,00	19,00	85,00
Goli (421)	110,00	25,50	135,50
Siruwa (423)	48,00	14,00	62,00
Sagar (412)	80,00	28,00	108,00
Dunda (413)	80,00	29,50	109,50
Likhu-Laha (=340 Kyama)	82,00	32,50	114,50
Sagar-Baganje (411)	50,00	22,00	72,00
Sangba (103)	190,00	53,50	243,50
Khimti-Ghunsa (106)	71,00	14,00	85,00
Shoma (105)	300,00	83,00	383,00
Pumpa (104)	60,00	17,00	77,00
Garjang (452)	81,00	32,00	113,00
Gesamt:	3097,00	1104,00	4201,00

ANHANG 3

Lāl mohar aus dem Jahre 1847

Das Original befindet sich im Besitz des Sherpa Rinjin Lama, Deorali, Bhandar-Panchayat. Übersetzung mit Hilfe von G. B. KALIKOTE und M. R. SHERMA.

An die *mijhār*, die *mijhār gorcha* und die übrigen *kipaṭiya* im Likhu Khola-Gebiet von Solu.

Aufgrund Eurer Petition, die Mir von Prime Minister Commander-in-Chief General Jang Bahadur Kunwar vorgelegt wurde, ist Mir bekannt geworden, daß es zu Unruhen und Streitigkeiten über die ererbten Rechte an Eurem *kipaṭ*-Land zwischen Euch und dem *amāli* sowie den Bewohnern der benachbarten Dörfer gekommen ist und daß Ihr um die Ausstellung eines *lāl mohar* bittet, der Eure lang ererbten Rechte bestätigt und die Steuern neu festsetzt, damit der Anreiz, neues Land zu kultivieren, erhöht wird.

In Zukunft braucht Ihr dem *amāli* keine Geschenke mehr zum *Dasaī*-Fest zusätzlich zu den bisherigen, regulären Steuern *sāune-phāgu*, *sermā* und *changributho* auf Euer *bāri-*, *khet-* und *pākho*-Land zu überreichen. Ihr sollt nur noch die unten angegebenen Steuern zahlen. Die Steuern sind von den *mijhār* und den *mijhār gorcha* einzusammeln und dem *dwāre* gegen Quittung zu übergeben. Sie sollen auch Streitigkeiten schlichten und alle Vergehen mit Ausnahme von *pãc khat* gerecht bestrafen. Die Bewohner sollen mit ihrem *mijhar* zufrieden sein.

Das Amt des *mijhār* kann abwechselnd von den *kipaṭiya* ausgeübt werden. ... (Zwei Sätze unklar) ... Der *mijhār* darf — im Gegensatz zu *thari* und *mukhiyā* — keine *ḍhākre* für sich arbeiten lassen. Beendet die Streitigkeiten. Eure Rechte auf Euer *kipaṭ*-Land werden hiermit bestätigt.

Kyok Mijhār kann sich weiterhin der Rechte über das *kipaṭ*-Land von Sangba erfreuen mit Ausnahme des zwischen Chhukarbo Khola, Taro Khola und dem Wald von Sim gelegenen Gebietes.

Ich setze hiermit die früheren *lāl mohar* außer Kraft und lege die ab 1848 jährlich fälligen Steuern für die einzelnen *pargannā* neu fest. Zahlt die Steuern an den *dwāre* und laßt Euch Quittungen darüber ausstellen.

Falls ein *kipaṭiya* keine Kinder hat, so geht sein Land an seine Brüder über. Die Erben müssen auch für die Schulden haften.

Ihr könnt Euch Euerer *kipaṭ*-Rechte voll erfreuen. Unterhaltet gute Beziehungen zum *dwāre*, bebaut das Land und macht Euere Dörfer glücklich und wohlhabend.

Steuersätze:

Der *mijhār* von Sangba für ein Jahr: 41 Rupien *wajabi* und 124 Rupien *asmāni*, insgesamt 165 Rupien[28].

Der *mijhār* von Charri[29] für ein Jahr: 18 Rupien *wajabi* und 33 Rupien *asmāni*, insgesamt 51 Rupien.

Der *mijhār* von Likhu Laha (= Kyama) für ein Jahr 24 Rupien *wajabi* und 45 Rupien *asmāni*, insgesamt 69 Rupien.

Der *mijhār* von Sagar für ein Jahr: 25 Rupien *wajabi* und 54 Rupien *asmāni*, insgesamt 79 Rupien.

Der *mijhār* von Siruwa für ein Jahr: 19 Rupien *wajabi* und 34 Rupien *asmāni*, insgesamt 53 Rupien.

Der *mijhār* von Goli für ein Jahr 21 Rupien *wajabi* und 86 Rupien *asmāni*, insgesamt 107 Rupien.

Der *mijhār* von Rawa für ein Jahr: 11 Rupien *wajabi* und 40 Rupien *asmāni*, insgesamt 51 Rupien.

Gegeben im Jahre 1847 am 12. Tage des Monats *māgh*.

---

[28] Es folgt jeweils noch eine Aufschlüsselung des jährlichen Steuerbetrages in vier Jahresraten.

[29] Ein Ort namens Charri war nicht mehr lokalisierbar. Der Name taucht auch nicht in dem *lāl mohar* von 1853 (Anhang 2) auf. Vielleicht handelt es sich um den Steuerbezirk von Dunda.

ANHANG 4

Historische Daten im Überblick

um 1533	Einwanderung der Vorfahren der Sherpa von Tibet über den Nangpa-Paß nach Khumbu und von dort weiter nach Solu.
um 1640	Der Sherpa Ralwa Dorje Lamaserwa aus Junbesi läßt sich am Westhang des Likhu-Tals im Gebiet des heutigen Bhandar-Panchayats nieder und wird zum Gründer des Sherpa-Clans der Sangba-Lama.
1772/73	Eroberung Ost-Nepals unter Pritvi Narayan Shah und Angliederung des Sherpa-Gebietes an das Gurkha-Reich.
um 1800	Der Chetri Jodhan Karki erwirbt von den Sangba-Lama die Ortsflur des heutigen Bamti.
1853	In einem Regierungserlaß werden die traditionellen kollektiven Landbesitzrechte der Sherpa-Clans von Solu bestätigt, die zu Solu gehörenden Steuerbezirke namentlich aufgeführt und die jährlich zu entrichtenden Angaben neu festgelegt.
1886	Unter der Rana-Herrschaft wird Nepal in 35 Verwaltungsdistrikte gegliedert. Der Likhu Khola wird zum Grenzfluß zwischen den Distrikten East No. 2 und East No. 3. Das Sherpa-Gebiet von Solu wird dadurch zweigeteilt. Erste Einschränkung des *kipaṭ*-Rechts der Sherpa: Zuwanderer können Land in ihrem Namen als *raikaṛ*-Land registrieren lassen.
1923	Das Britisch-Nepalische Abkommen führt zum Niedergang des Kupfer- und Eisenerzbergbaus in Solu und damit zur Verarmung vieler Tamang- und Magar-Bergleute und vieler Schmiede (Kami).
1924	In Solu-East No. 2 weitere Einschränkung der *kipaṭ*-Rechte: auch die von Sherpa kultivierten Dauerfelder müssen als *raikaṛ*-Land registriert werden. Sie sind damit an Clanfremde veräußerbar. — In Solu-East No. 3 tritt diese Verordnung erst im Jahre 1942 in Kraft.
1924	Die Sklaverei wird in Nepal offiziell abgeschafft.
1949	Endgültige Aufhebung des kollektiven Landbesitzsystems der Sherpa.
1951	Sturz des Rana-Regimes.
1959	Zustrom tibetischer Flüchtlinge nach Solu-Khumbu.
1961	Verwaltungsneugliederung nach dem Panchayat-System.
1963	Aufhebung der bis dahin in Nepal gesetzlich verankerten Kastenendogamie.

ANHANG 5

Glossar

Die Sherpa-Termini sind normal gesetzt, um ihre grobe Transkription von der genauen Transliteration der Nepali-Termini (*kursiv*) abzuheben.

agua makai	siehe Anmerkung 22, S. 93
ālu	Kartoffeln
amāli	Steuerbeamter mit eingeschränkter richterlicher Gewalt
asmāni	Haussteuer
aul (*awal*)	1. tiefgelegene, malariagefährdete Talzone
	2. die unterhalb der Trockengrenze des winterlichen Regenfeldbaus (ca. 1500 m) gelegene landwirtschaftliche Anbaustufe
baḍā hākim	Gouverneur eines Distrikts (*jillā*)
bāri	Daueräckerland ohne künstliche Bewässerung im Gegensatz zu *khet* und *pākho*
bhaṭmãs	Sojabohnen
bhir	unkultivierbarer, mit nacktem Fels durchsetzter Steilhang
changributho	jährliche Nominalabgabe der *ḍhākre* an den Sherpa-*mijhār* zur Bestätigung ihres Siedlungsrechts
chorten	buddhistischer Reliquienhügel in Stupaform
Dasaĩ	Fest im Monat Aswin (September/Oktober) zu Ehren der Göttin Devi; wichtigstes Fest für die Nepali
ḍhākre	zur Zeit des *kipaṭ*-Rechts Zuwanderer, denen Land aus dem Gemeinschaftsbesitz der Sherpa abgetreten worden war
dhān	Naßreis
dwāre	Steuereinnehmer mit eingeschränkter richterlicher Gewalt, der die von den *mijhār* bzw. *tālukdār* eingesammelten Steuern übernahm
dzo	Kreuzungsprodukt zwischen Yak und Rind
dzomo	dzo-Kuh
dzopkio	männliches dzo
gahũ	Weizen
gāũ pancāyat	kleinste Verwaltungseinheit (Gemeinde) seit der im Jahre 1960 durchgeführten Verwaltungsneugliederung nach dem Panchayat-System (siehe Anmerkung 3, S. 27)
gemba	‚Ältester' eines Sherpa-Clans; Vorsteher einer größeren *pargannā*, dem mehrere *mijhār* zugeordnet waren
ghāiyā	Bergreis (Trockenreis)
ghiu	Butterschmalz

gonda	1. lamaistischer Dorftempel
	2. lamaistisches Kloster
gorcha	Gehilfe eines Sherpa-*mijhār*
goṭh	1. Stall, Viehhütte (meist temporärer Art)
	2. Viehherde
goṭhālo	Hirte
goṭh kuwā	Pachtzins für Kronweideland
jāt	Kaste
jau	Gerste
jillā	Verwaltungsdistrikt
kamāro	Sklave
khamendeu	wörtlich: Mund-nicht-gut. Als unrein geltende Mitglieder der Sherpa-Gesellschaft, vor allem die Yemba
khet	Bewässerungsfeldland im Gegensatz zu *bāri* und *pākho*
kholā	Bach, Fluß
pajua makai	siehe Anmerkung 22, S. 93
kipaṭ	traditionelle Form des kollektiven Landbesitzes auf der Basis der Clanorganisation
kipaṭiya	Bauer mit Rechten am *kipaṭ*-Land
kodo	Fingerhirse (Eleusine coracana)
kosi	Fluß
lāl mohar	Regierungserlaß mit dem königlichen Siegel
māgh	nepalischer Monat (Januar/Februar)
makai	Mais
mani	Kurzform für die lamaistische Gebetsformel „O mani padme hum", die man überall im Sherpa-Gebiet in Steinplatten und Felsblöcken eingemeißelt findet. Typisch sind besonders die langen mani-Mauern entlang der Wege.
matwāli jāt	Kasten des mittleren Stockwerks der nepalisch-hinduistischen Kastenhierarchie
mijhār	mit gewissen Kontrollfunktionen ausgestatteter Vorsteher einer *parganṇā* und verantwortlich für die Entrichtung der Steuer an den *dwāre*
mukhiyā	Steuereinnehmer in *ḍhākre*-Siedlungen
mulā	weiße Rüben
pākho	Wechselfeldland
pãc khat	gewisse schwere Vergehen, die nur vor einem ordentlichen Gericht verhandelt werden können
parganṇā	Steuerbezirk eines *mijhār*
phāpar	Buchweizen
pohoni	die unberührbaren Hindukasten
raikar	Land in Privatbesitz mit frei veräußerbaren Besitzrechten. Nach nepalischem Recht gilt der Staat als Eigentümer und der Inhaber als Erbpächter. Im Gegensatz zum *kipaṭ*-System ist jeder ein-

141

	zelne Bauer für die Entrichtung der Grundsteuer individuell verantwortlich.
raiti	Inhaber von *raikar*-Land
raksi	Schnaps
sarkāriyā kharkā	Kronweide
sarsiũ	Senf (Sinapis alba)
sāune-phāgu	Haussteuer
sermā	Grundsteuer
tāgādhāri jāt	die höheren Hindukasten, Träger der heiligen Schnur
tālukdār, tāluk	Bezeichnung für die Dorfvorsteher und Steuereinnehmer nach der Abschaffung des *kipaṭ*-Systems
tālukdāri	Steuerbezirk eines *tālukdār*
thari	in größeren *ḍhākre*-Siedlungen Gehilfe des *mukhiyā*
ṭhek tiro	zur Zeit des *kipaṭ*-Rechts der von jeder *pargannā* gemeinschaftlich aufzubringende jährliche Steuerbetrag
thum	Unterbezirk eines Distrikts (*jillā*)
tori	Raps
wajabi	Grundsteuer

ANHANG 6

Ortsverzeichnis

Die Ziffern hinter den Namen geben die Lage im jeweiligen Planquadrat der Basiskarte 1 : 100.000, Kartenbeilagen 1, 2 und 6, an (Rechtswert/Hochwert).

In das Verzeichnis aufgenommen wurden:

1. die Namen aller im Bereich des Untersuchungsgebietes gelegenen Wohnplätze, soweit sie in der Karte enthalten sind,
2. die Namen der im Text erwähnten, aber nicht in der Karte enthaltenen Wohnplätze aus dem Bereich des Untersuchungsgebietes mit Angabe des nächstgelegenen verzeichneten Ortes,
3. im Text erwähnte, außerhalb des Untersuchungsgebietes, aber noch innerhalb der Karte gelegene Orte.

Viele Sherpa-Siedlungen, insbesondere in den Kontaktzonen, haben neben dem ursprünglichen Sherpa-Namen noch einen weiteren Nepali-Namen. Dieser ist entweder eine Verballhornung des Sherpa-Namens oder aber eine Neuschöpfung. Manche dieser Nepali-Ortsnamen haben sich bei den Sherpa weitgehend durchgesetzt und werden besonders im Gespräch mit Ortsfremden verwendet. In anderen Fällen haben sich die Sherpa-Namen behauptet, oder es werden beide Versionen nebeneinander verwendet. Bei der Herstellung der Basiskarte sollten im letzteren Fall beide Namen in die Karte gesetzt werden. Das ist jedoch durch ein Versehen nur zum Teil geschehen. In dem nachfolgenden Verzeichnis führe ich daher noch weitere von mir erhobene Zweitnamen auf und mache durch den Zusatz *sh.* für ‚Sherpa' und *nep.* für ‚Nepali' ihre Herkunft deutlich.

Aiselukharka 75/25
Angpang 50/35

Bagang (Kerung-P.) 50/30
Bagang (Phaphlu-P.) 60/40
Balding (Gumdel-P.) 40/50
Balding, b. Thapra 35/50
Baluwa 30/55
Bamti 35/45
Banjhe 45/30
Beni 55/45
Bhandar 35/50
Bhirkharka, b. Sewa 25/55
Bhittakharka (sh.: Dongkhokpo) 55/35
Bhusinga 35/40

Bidesi 65/25
Bike Khola 45/55
Bolde, b. Yarsa 30/55
Boldok 55/45
Bom 70/60
Bukini, b. Mali 25/55
Buldanda 30/50
Buwa (nep.: Surke) 70/60

Chaba, b. Panga 35/45
Chalsa 55/40
Chamargaon, b. Siruwa 35/45
Chamaru 35/50
Chamlakharka, b. Siruwa 35/45
Changba (Gora-P.) 50/35

Changetar (Kerung-P.) 50/35
Changma, b. Bhandar 35/50
Changnyima (Gumdel-P.) 40/50
Changsar (Kerung-P.) 50/35
Chaunrikharka (sh.: Dungde) 70/60
Chermading (Patale-P.) 40/30
Chermading (Shoma-P.) 25/55
Chhanga 65/50
Chhukarpo, b. Dokarpa 35/50
Chhulemo (Junbesi-P.) 60/50
Chhulemo (Phaphlu-P.) 55/35
Chhunakpo 60/45
Chitading, b. Pekarnasa 35/50
Chiwang Gonda 60/45
Chiwangkhop 60/45
Choarma (nep.: Chewar) (Gora-P.) 50/35
Choarma (Gumdel-P.) 45/60
Chuchure 30/55
Chumbok 40/50
Chumowa 70/70
Churungkharka 45/55
Chutok 60/40

Dadhuwa 30/50
Daltsangma (Junbesi-P.) 60/50
Damjangma 45/50
Dandakharka (Garma-P.) 60/35
Dandakharka (Gora-P.) 50/35
Deboche Gonda 75/80
Deku 60/50
Deorali (sh.: Changmela) 30/50
Dharapani 50/35
Dimbele 45/40
Doban 25/50
Dokap, b. Panglema 30/60
Dokarpa 35/50
Dolakha (nep.: Tolu-Gonpa) 45/35
Dolange 55/45
Dolu 35/40
Domphuk 55/45
Dorip = alte Bezeichnung für das Gebiet um
    Salleri/Sherka 60/40
Dorkharka 40/35
Dorma, b. Siruwa 35/45
Dorphu 55/40
Dudele 45/55
Dunda 40/50
Dzambuk 55/45
Dzedok 55/40
Dzomshe (Kharte) 70/55

Ekang 35/45

Gaichepe, b. Shertu 30/45
Garekhasa 60/40
Garja, b. Sotarmu 30/45
Garjang 30/55
Garma 55/35
Gauridanda 40/30
Ghat (sh.: Lhawa) 70/65
Ghunsa 25/50
Golela (nep.: Goligonpa) 40/45
Goli 35/45
Gora 50/40
Gornbo, b. Ringmo 60/50
Gorunda, b. Thapra 35/50
Gowangma 40/55
Gumdel (Gonteng) 40/55
Gumnemera 65/45
Gupadanda, b. Sotarmu 30/45
Gurmeshi, b. Gyapchhuwa 40/45
Gurmise 55/30
Gyangtar, b. Sotarmu 30/45
Gyapchhuwa 40/45
Gyuphede 70/65

Hil 70/45

Ilchhire 30/55

Jantarkhani 50/30
Jese 45/30
Jhareni, b. Bhandar 35/50
Jorsale (Thumbuk) 70/70
Jube 70/50
Jumma, b. Panga 35/45
Junbesi 55/50

Kahare, b. Sotarmu 30/45
Kanku 65/40
Kansthali 30/45
Kapte 35/45
Karyolung 60/65
Kati 30/40
Katsepu, b. Goli 35/45
Kattike 40/30
Kenja 40/50
Kerung 50/30
Khali 70/45
Khamding 45/35
Khare 35/60
Kharikhola 70/50
Khoria 55/40
Khosrubot 40/30
Khumjung 70/75

Kichang, b. Siruwa 35/45
Kongdel 60/35
Korem (Gumdel-P.) 40/50
Kunakhop 50/40
Kunbu 35/45
Kunde 70/75
Kyama 40/55

Laphok 55/30
Lamagaon, b. Mali 25/55
Lapcha 50/35
Laphrok, b. Ringmo 60/50
Laptsegang 60/35
Ledingma (nep.: Loding) 50/45
Lekhani, b. Salabesi 55/45
Lelepu 40/50
Lelung 70/50
Lhanying (nep.: Khamje) (Junbesi-P.) 55/45
Likhu-Laha = alte Bezeichnung für das
    Gebiet um Kyama 40/55
Lispu 40/25
Lomdza 70/65
Lora 25/60
Luklha 70/60
Lumbu 35/50
Lumsa (sh.: Lungsampa) (Gora-P.) 45/35
Lungsampa (nep.: Longsa) (Shoma-P.) 30/60
Lura 55/40

Maidane 50/30
Majhkharka 45/30
Mali 25/55
Manidanda, b. Thapra 35/50
Mathok 55/45
Mende 65/75
Meshi, b. Goli 35/45
Metangsur (nep.: Metange) 30/60
Metokpake 60/35
Mondzo 70/70
Mopung 55/50
Mure 55/30

Nakjung 70/60
Naktan, b. Gyapchhuwa 40/45
Nalidanda 45/30
Namche Bazar (sh.: Nauche) 70/75
Namkili 40/45
Nashing 65/35
Ngowur 45/45
Ningale, b. Dudele 45/55
Nyimare 55/35

Panga 35/45
Pangkarma 50/50
Pangkongma 70/50
Panglema 30/60
Pangpoche 75/80
Paor 55/35
Patale 40/30
Patangje 50/35
Patashe, b. Mali 25/55
Patkare 40/50
Pekarnasa 35/50
Phakdingma 70/65
Phalamkhani 55/45
Phaphlu 55/45
Phera (Damserte) 55/45
Phortse 75/80
Phukmoche 50/55
Phuleli 65/50
Pikebuk 50/45
Pirti 30/40
Pokhari, b. Goli 35/45
Pulika 35/40
Pumpa 25/55
Puna 35/45

Rabu 30/55
Rachane 40/30
Raghani 25/35
Rangam 45/60
Rangel 45/30
Rawa 35/40
Razam, b. Pumpa 25/55
Renidanda 40/50
Rimijung (nep.: Gumila) 70/70
Ringmo 60/50
Ripal 40/35
Roshi (Bhandar-P.) 35/45
Roshi (Phaphlu-P.) 55/40
Roshing 25/55

Sagar-Baganje 40/50
Sagardanda 40/50
Salabesi 55/45
Salleri 55/40
Salme (Patale-P.) 35/30
Salme (Garma-P.) 55/35
Salung 55/50
Sangba = alte Bezeichnung für das Ge-
    biet um Bhandar 35/50
Sangbadanda 30/50
Selanga, b. Ringmo 60/50
Sengephuk Gonda 50/55

Seongma 70/65
Sepli 45/25
Serpakhasa 25/55
Sete 40/50
Sewa 25/55
Sharshingma 60/35
Sherka 60/40
Shertu 35/45
Shingbuwa 30/60
Shishakhola 50/35
Shoma 30/55
Shorong = Sherpa-Name für das Einzugs-
    gebiet des Solu Khola
Sim, b. Bhandar 35/50
Siruwa 35/45
Siteling (Junbesi-P.) 65/50
Soktuwa (nep.: Dhunge) 30/60
Sotarmu (sh.: Sadamche) 30/45
Sungjinma 50/50
Surke (Kerung-P.) 55/35
Surke (sh.: Pikyongma) (Phaphlu-P.) 60/45

Taktsor (nep.: Singane) 50/30
Talche, b. Thapra 35/50
Talkot 40/30
Tambakhani 55/45
Tapting 45/35
Tarje, b. Bhandar 35/50
Tarkebuk, b. Beni 55/45
Tate 70/60
Tawur 35/35

Tekanpur 45/25
Techerma 40/55
Tengpoche Gonda 75/75
Thade 50/25
Thalleri (sh.: Bulinasa) 60/35
Thame Og 65/75
Thame Teng 60/80
Thapra 35/50
Thelma 40/50
Thodung 30/50
Those 25/50
Toshing 55/35
Tragdobuk 50/50
Tragibuk 60/45
Tragsindo = Sammelname für die Sherpa-
    Dörfer Chhulemo, Deku und Yawa
    60—65/50
Tragsindo Gonda 60/50
Trateng (Phaphlu-P.) 55/40
Tsermading 70/65
Tumshe 60/35

Ukpa, b. Junbesi 55/50

Yarmakhu 35/45
Yarsa (Shoma-P.) 30/55
Yawa 65/50
Yelung 25/55
Yimba, b. Pumpa 25/55
Yülajung 65/80

ZUSAMMENFASSUNG

Die Arbeit befaßt sich mit der Entstehung des kulturgeographischen Stockwerbaus im Mount-Everest-Gebiet durch verschiedene Wanderbewegungen und mit
dem Besitz- und Feldbaugefüge, das durch die Wechselwirkung sehr verschiedener
Gruppen entstand. Sie basiert auf mehrmonatigen Felduntersuchungen, die im
Rahmen der völkerkundlichen Arbeitsgruppe des Forschungsunternehmens Nepal
Himalaya im Jahre 1965 und während eines zweiten Aufenthalts im Arbeitsgebiet
im Jahre 1967 durchgeführt wurden.

Das Einführungskapitel stellt in Text und Karten erstmalig die Entwicklung
und Abgrenzung der Gebietsnamen und Verwaltungseinheiten im Mount-Everest-
Gebiet aufgrund großenteils eigener Erhebungen dar. Das zweite Kapitel behandelt
die im Untersuchungsgebiet vorkommenden Gruppen und hält ihre damalige
räumliche Verteilung auf die Siedlungsplätze zahlenmäßig (Anhang 1) und kartographisch (Beilage 1) fest. Dadurch ist hier das sehr komplizierte Gefüge des ethnischen Stockwerbaus erstmalig exakt erfaßt. Aufgrund der Literatur und vor allem
eigener Erhebungen werden wichtige Hinweise auf die jüngere Siedlungsgeschichte
gegeben. Bis in Einzelheiten wird deutlich, wie sich oberhalb der üblichen Dauersiedlungsgrenze (2300 m) der alteinheimischen altnepalischen Stämme (Mongolide,
tibeto-burmanische Sprachfamilie) die aus Ost-Tibet stammenden, im 16. Jahrhundert eingewanderten Sherpa ausbreiten konnten, wie aber dann nach Schaffung
des Gurkha-Staates Nepal ab dem Ende des 18. Jahrhunderts die hochkastigen,
vorwiegend indo-arischen Chetri als staatstragende Schicht hier eindrangen, in
ihrem Gefolge auch niederkastige Handwerker usw. und (besonders als Bergleute)
altnepalische Gruppen aus West- und Zentral-Nepal. Das führte vor allem im tieferen Stockwerk (unter 2300 m) zu starker Siedlungsverdichtung und Vermischung,
oberhalb davon nur in bescheidenem Ausmaß. Dort jedoch drängten besonders
seit dem 19. Jahrhundert andere Tibeter nach.

Im dritten Kapitel wird zunächst die Ausbreitung der vier ursprünglichen Sherpa-
Sippen über Solu, dem im Vorderhimalaya gelegenen Hauptsiedlungsgebiet der
Sherpa, und ihre Aufsplitterung in Untersippen und Clangemeinschaften verfolgt
und kartographisch (Beilage 2) festgehalten. Im Anschluß daran erfolgt die Darstellung der Entwicklung des Grundbesitzrechts von einer ursprünglich kollektiven
Landbesitzverfassung auf der Grundlage der Clanorganisation zu einer immer
stärkeren Festigung der individuellen Besitzrechte und damit zu einer freien Ver-
äußerbarkeit von Grund und Boden. In einem Sonderfall führte das zur Entstehung
einer bekannten Großgrundbesitzerschicht der Solu-Sherpa. Vor allem aber begün-
stigte diese Entwicklung das Eindringen der Chetri, bei denen Großfamilienbesitz
mit Erbteilung herrscht.

Zu welcher Verflechtung des Landbesitz- und Siedlungsgefüges das führte, zeigt das vierte Kapitel am Beispiel des Kern-Untersuchungsgebietes, des Bhandar-Panchayats im Likhu-Tal im südwestlichen Solu. Hier reicht das Sherpa-Siedlungsgebiet besonders tief herab bis in den Bereich des höchsten Reisanbaus. Die direkten Gegenspieler von unten her sind gleich die Chetri ohne Zwischenschaltung der alteinheimischen Sunwar. Ein eigens für diese Untersuchung angefertigter Schichtlinienplan im Maßstab 1:5000 des Forschungsunternehmens Nepal Himalaya ermöglichte eine recht genaue Landnutzungskartierung (Beilage 4) mit genauer Besitzrechterfassung (Beilage 3). Aufgrund genealogischer Forschungen gelang es, den Landnahmeprozeß und die Entwicklung des Besitzgefüges bis in die Gegenwart kartographisch zu verfolgen. Im Chetri-Gebiet ließen sich Parzellen in Gemengelage generationsweise zusammenfügen. Es wird weiterhin deutlich gemacht, wie die sich rasch vermehrenden Chetri (Polygynie!) schon von Anfang an in und außerhalb des Untersuchungsgebietes zielstrebig Land erwarben und durch die Individualisierung des Landbesitzes immer höher ins Sherpa-Gebiet eindrangen. Familienzweige, denen eine solche Expansion nicht gelang, verarmten durch Besitzzersplitterung und wurden verstärkt zur Abwanderung gezwungen. In diesem Sinne fallen auch sofort die winzigen Parzellenmuster der Niederkastigen auf, die auf Landschenkungen angewiesen waren. Zahlenbeispiele von Parzellengrößen in den verschiedenartigen Landnutzungsbereichen, bezogen auf Besitzer aus drei verschiedenen Gruppen, schließen das Kapitel ab.

Im fünften Kapitel wird zunächst die Landnutzungskarte von Bhandar (Beilage 4) diskutiert. Fünf Anbaubereiche werden unterschieden: Bewässerungsland, Regen-(Trocken-)Feldbaugebiet nach Hauptfruchtfolgen, hausnahen (intensiven) und hausfernen (extensiven) Nebenfruchtfolgen und Wechselfeldbaugebiet. Diese Zonen reichen vom wintertrockenen Bereich (unter 1500 m) mit Trockenbrache bis in den Bereich der Höhenbrache (Kältebrache) mit reinem Sommerfeldbau, der in rund 2800 m Höhe im Bhandargebiet gerade noch vertreten ist. Darin folgen übereinander bis zu acht Fruchtfolgesysteme, die sich zwangsläufig aus der zunehmenden Überschneidung von Saat- und Ernteterminen ergeben. In Beilage 5 sind alle diese Nutzungssysteme auf einen Blick in ihrem jahreszeitlichen Ablauf und in ihrer Höhenfolge zu überblicken. Daneben sind die absoluten Höhengrenzen der wichtigsten Feldpflanzen dargestellt. In diesem Diagramm kann man auch die fünf Haupthöhenstufen des Feldbaus erkennen, für die eine kombinierte Nomenklatur aus dem Sprachgebrauch der Chetri und der Sherpa gewählt wurde. Die potentielle Verbreitung dieser Haupthöhenstufen des Feldbaus für den gesamten Bereich von Solu-Khumbu ist in Beilage 6 auf der Grundlage weiterer eigener Beobachtungen dargestellt. Schließlich werden noch einzelne wichtige Höhengrenzen des Feldbaus diskutiert und zum Teil unter kritischer Auswertung der Literatur in ihrem weiteren Verlauf außerhalb des Untersuchungsgebietes verfolgt.

ENGLISH SUMMARY

1. Location and territorial development of Solu-Khumbu

Solu-Khumbu, the home of the Sherpas at the foot of Mount Everest (Fig. 1 and 2), comprises the three sub-districts Khumbu (Fig. 3), Pharak (Fig. 4), and Solu with the upper valleys of Solu Khola (Fig. 5), Maulung Khola, Likhu Khola (Fig. 7), and Khimti Khola (Fig. 8). The territorial development of Solu-Khumbu is illustrated by four maps (Fig. 6, 9, 10 and 11). It is *not* identical with the district panchayat (*jillā pancāyat*) Solukhumbu (Fig. 10) established in 1962 when, with the introduction of the new panchayat system, the administrative boundaries in Nepal were redrawn.

2. Ethnic and caste groups and their distribution

Today Solu-Khumbu is populated by various ethnic and caste groups (Table 1, Appendix 1, Plate 1). It was first settled by the ancestors of the present-day Sherpas who in the 16th century migrated from Tibet across the high mountain pass called Nangpa La (5716 m) into Khumbu and gradually moved southwards into Pharak and the upper valleys of the Solu, Maulung, Likhu and Khimti Khola. According to the *lāl mohar* of 1853 (Appendix 2) the Sherpas obtained settlement and land-ownership rights in these areas from the Rais and Sunwars, who lived farther down the rivers, but who must have considered all the land up to the snow-covered mountain ranges of the Khumbu Himal as parts of their tribal territories.

When Solu-Khumbu was incorporated into the Kingdom of Nepal in 1772/73 the land-ownership rights of the Sherpas were confirmed, but at the same time they were urged to accept newcomers. Thus especially the slopes below 2000 m elevation in the upper Likhu, Khimti and Maulung Khola valleys, considered by the Sherpas as too hot and humid, were handed over to Chetri farmers, who were followed by some Bahuns (Brahmins) as well as Kamis (blacksmiths) and Damais (tailors). Tamangs and Margars settled in various places of Solu to dig for iron and copper ore. Newars came as shopkeepers and Gurungs originally as herdsmen. Most of the Ghartis, Bhujels and Yembas now living in Solu-Khumbu are descendants of slaves who became free in 1924 when slavery was abolished in Nepal.

3. Settlement and land tenure

In this study the terms *sib*, *sub-sib* and *clan* are used according to the definitions of G. P. MURDOCK (1949). The Sherpa population (later immigrants from Tibet excluded) consists of four patrilineal sibs: Lamaserwa, Chiawa, Thimmi and Minyagpa. Except the Chiawas they break up into a number of sub-sibs with names of their own, but whose members are not alllowed to intermarry. Originally the sibs,

149

later on the sub-sibs and other segments of the same sib, had their own territories, i. e. they formed independent clans. A new clan was established whenever a Sherpa left the territory of his kin group and obtained a new territory for himself and his descendants. The distribution of the former clan territories of the Solu-Sherpa is shown on Plate 2.

All the land inside the clan territory was considered the property of the clan as a whole. The individual member only obtained a right of usufruct to the plot he cultivated, but he could not transfer these rights to outsiders. This traditional form of communal land tenure, which was prevalent also among the other tribal groups of East Nepal before, and for some time after, the establishment of the Kingdom, has come to be known as *kipaṭ*-right. The land given to newcomers remained part of the clan territory. These settlers were called *ḍhākre* and had to pay the taxes on their land through the Sherpa headman (*mijhār*).

From the end of the 19th century onwards the central government in Kathmandu tried to curtail the *kipaṭ*-rights of the Sherpas in favour of the *raikaṛ*-system, a more individual form of tenure under which the State is considered the owner of the land but the rights of an individual to utilization and transfer of the land are recognized by the State so long as taxes are paid. These attempts were eagerly supported by the Chetris of Solu, who, in the meantime, had greatly increased in number (polygamy!) so that their land resources were nearly exhausted. In 1886, as a first step, the land cultivated by *ḍhākre* was converted to *raikaṛ*. In 1924 in West Solu and in 1942 in the remaining parts of Solu-Khumbu all the land permanently cultivated by clan members (*kipaṭiya*) was also turned to *raikaṛ*. Finally, in 1949, the *kipaṭ*-system was completely abolished. The common land was subdivided among the *kipaṭiya* and converted to *raikaṛ*, as well. Since then, especially in the contact zones, a lot of land has passed into the hands of Chetris. Many Sherpa families have realized too late that there is no abundance of land anymore and have lost all of it.

4. Sample study of the development of land ownership and settlement in Bhandar Panchayat, West Solu

A large-scale contour map (1:5,000; reduced to 1:10,000 for publication) was especially prepared for this project by the Research Scheme Nepal Himalaya. It enabled the author to carry out a detailed survey of land utilisation (Plate 4) and land ownership (Plate 3) in Bhandar Panchayat extending over a vertical distance of 1,400 m from the bottom of Likhu Khola Valley (1,400 m above sea level) up to the ridge of (Changma-)Deorali (2,800 m). Here Sherpa settlements reach down as far as the upper limit of rice cultivation. Their counterparts on the lower slopes are the Chetris. Members of various other groups are mainly concentrated in the contact zone of Sherpas and Chetris.

On the basis of the land-ownership map (Plate 3) and the results of additional genealogical research (Fig. 20 and 24) it was possible to give a minute description in words and maps (Fig. 21, 25 and 26) of the development of settlement and land

150

ownership from the times when the first Sherpa settler purchased this area from the adjoining Sunwars (about 1640 A. D.) down to the present generation.

5. Vertical differentiations in cultivation

After some preliminary information on the impact of climate and land forms on cultivation in Solu-Khumbu the land use map of Bhandar Panchayat (Plate 4) is discussed. The map shows the situation in the month of August when all the major summer crops are still in the field. With the sole exception of the potato they all reach their upper limits of cultivation within the mapped area. Additional information about crop rotations in various places of the Bhandar Panchayat are given. There is not only a vertical but also a horizontal zonation as the intensity of cultivation decreases with the distance from the settlement. Up to five different types can be discerned: wet-field cultivation; dry fields with (a) main rotations, (b) more intensive sub-rotations (near the house) and (c) extensive sub-rotations; outfield rotations. As the vegetation periods of all the crops get longer with increasing altitude, the rotations must be varied when the harvest of the preceding crop comes too close to the sowing of the next crop. Thus a great variety of rotation systems is to be found as one ascends from the lower slopes of the valley (below 1,500 m), where the winters are too dry for rain-fed cultivation, to the upper zone of pure summer cultivation (above 2,750 m), where the winters are too cold. In Plate 3 (diagram) all these different field systems can be viewed in one glance. It furthermore shows the upper limits of the main crops as well as the five main altitude levels of cultivation. The (potential) horizontal extension of these altitude levels of cultivation for the whole of Solu-Khumbu is represented in Plate 6. Finally some important upper limits of cultivation are discussed.

ZUR UMSCHRIFT

Die in dieser Arbeit verwendeten Nepali- und Sherpa-Wörter sind im Glossar (Anhang 5, S. 140—142) in alphabetischer Reihenfolge zusammengestellt und erläutert. Für die Ortsnamen wurde ein gesondertes Verzeichnis angelegt (Anhang 6, S. 143—146, mit Angabe der Lage im jeweiligen Planquadrat der Basiskarte 1 : 100.000 für die Kartenbeilagen 1, 2 und 6). Die Schreibung der Ortsnamen erfolgt entsprechend dem Nepal-Ost-Kartenwerk der Arbeitsgemeinschaft für Vergleichende Hochgebirgsforschung. Es handelt sich dabei, ebenso wie bei allen anderen Namen und auch den Sherpa-Termini, um eine mehr oder minder grobe Transkription nach der Regel „Vokale wie im Deutschen, Konsonanten wie im Englischen". Die Nepali-Termini erscheinen dagegen in genauer Transliteration entsprechend der von R. L. Turner (A Comparative and Etymological Dictionary of the Nepali Language, London, 1931 und 1965) entwickelten Methode und sind kursiv gesetzt. Zur Aussprache gilt auch hier die Regel „Vokale wie im Deutschen, Konsonanten wie im Englischen". Weiterhin ist zu beachten:

ā   langes a

~   Nasalierung; ã wie en- in franz. *encore*

.   unter einem Konsonanten deutet einen cerebralen Laut an, d. h. die Zunge wird leicht zurückgebogen; ṭ und ḍ wie t- und d- in engl. *tin* und *dog*; ṛ wie r- in engl. *row*.

h   nach einem Konsonanten (*kh, gh, ch, jh* usw.) bedeutet Aspiration.

LITERATURVERZEICHNIS

BISTA, D. B. (1967): *People of Nepal*. Kathmandu.

BOESCH, H. (1964): Zwei Jahre Wetterbeobachtungen in Ostnepal (1961—1963). *Geographica Helvetica*, 3, 170—178.

CAPLAN, L. (1970): *Land and social change in East Nepal. A study of Hindu-tribal relations*. Berkeley.

DITTMANN, E. (1970): Statistische Untersuchungen zur Struktur der Niederschläge in Nepal. *Khumbu Himal. Ergebnisse des Forschungsunternehmens Nepal Himalaya*, 2/7. Innsbruck, 47—60.

DONNER, W. (1972): *Nepal. Raum, Mensch und Wirtschaft*. Wiesbaden.

FLOHN, H. (1970): Beiträge zur Meteorologie des Himalaya. *Khumbu Himal. Ergebnisse des Forschungsunternehmens Nepal Himalaya*, 2/7. Innsbruck, 25—45.

FÜRER-HAIMENDORF, CHR. VON (1956): The Economy of the Sherpas of Khumbu. *Die Wiener Schule der Völkerkunde. Festschrift anläßlich des 25jährigen Bestandes des Institutes für Völkerkunde der Universität Wien (1929—1954)*. Wien, 261—280.

FÜRER-HAIMENDORF, CHR. VON (1959): Die Sherpa des Khumbu-Gebietes. In: T. Hagen, G. O. Dyhrenfurth, Chr. v. Fürer-Haimendorf, E. Schneider: *Mount Everest. Aufbau, Erforschung und Bevölkerung des Everest-Gebietes*. Zürich, 169—218.

FÜRER-HAIMENDORF, CHR. VON (1964): *The Sherpas of Nepal. Buddhist Highlanders*. London.

FÜRER-HAIMENDORF, CHR. VON (1966): Unity and Diversity in the Chetri Caste of Nepal. *Caste and Kin in Nepal, India and Ceylon*, hg. Chr. von Fürer-Haimendorf. Bombay, 11—67.

HAFFNER, W. (1967): Ostnepal — Grundzüge des vertikalen Landschaftsaufbaus. *Khumbu Himal. Ergebnisse des Forschungsunternehmens Nepal Himalaya*, 1/5. Berlin, 389—426.

HAFFNER, W. (1973a): Brachsysteme und zelgengebundener Anbau in Zentral- und Ostnepal. *Erdwissenschaftliche Forschung*, 5. Wiesbaden, 40—42.

HAFFNER, W. (1973b): Formen des Reisbaus in Nepal. *Erdwissenschaftliche Forschung*, 5. Wiesbaden, 109—116.

HAFFNER, W. (1979): *Nepal Himalaya. Untersuchungen zum vertikalen Landschaftsaufbau Zentral- und Ostnepals*. Wiesbaden.

HAGEN, T. (1957): Zur Gliederung Nepals in Natur- und Bevölkerungsgebiete. *Geographica Helvetica*, 12, 223—233.

HEUBERGER, H. (1956): Der Weg zum Tscho Oyu. Kulturgeographische Beobachtungen in Ostnepal. *Mitt. Geogr. Ges. Wien*, 98, 3—28.

HEUBERGER, H. (1968—1970): Himalayastaaten. *Westermann Lexikon der Geographie*. Braunschweig.

HEUBERGER, H. (1973): Zur Höhenschichtung der Bevölkerung und der Kulturlandschaft im Dudh-Kosi-Tal, Mount-Everest-Gebiet, Ostnepal. *Erdwissenschaftliche Forschung*, 5. Wiesbaden, 31—39.

HEUBERGER, H. (1976). Kulturgeographische Stockwerke und Wanderbewegungen im Hochgebirge am Beispiel des Mount-Everest-Gebietes. *Verhandlungen des Deutschen Geographentages*, 40/1976. Wiesbaden, 271—274.

HÖFER, A. (1972): Eine Siedlung und Werkstatt der Dorfschmiede (Kami) in Nepal. *Archiv für Völkerkunde*, 26. Wien.

HÖFER, A. (1979): The Caste Hierarchy and the State in Nepal. *Khumbu Himal. Ergebnisse des Forschungsunternehmens Nepal Himalaya*, 13/2. Innsbruck, 25—240.

KAWAKITA, J. (1956): Crop Zone. *Land and Crops of Nepal Himalayas 1952—1953*, hg. H. Kihara, Bd. 2. Kyoto, 67—93.

LITERATURVERZEICHNIS

KRAUS, H. (1966): Das Klima von Nepal. *Khumbu Himal. Ergebnisse des Forschungsunternehmens Nepal Himalaya*, Berlin, 301—321.

LIMBERG, W. (1973a): Anbausysteme im Likhu-Tal (Ost-Nepal) zwischen 1400 m und 3000 m Höhe. *Erdwissenschaftliche Forschung*, 5. Wiesbaden, 23—30.

LIMBERG, W. (1973b): Transhumante Wanderhirten im Nepal-Himalaya. *Erdwissenschaftliche Forschung*, 5. Wiesbaden, 182—184.

MÜLLER, E. W. (1959): Die Anwendung der Murdock'schen Terminologie auf Feldergebnisse (Ekonda, Belg. Kongo). *Mitteilungen der Anthropologischen Gesellschaft in Wien*, 88/89, 108—115.

MÜLLER, F. (1958): Acht Monate Gletscher- und Bodenforschung im Everestgebiet. *Berge der Welt*, 12. Zürich, 199—216.

MURDOCK, G. P. (1949): *Social Structure*. New York.

NITZ, H.-J. (1966): Formen bäuerlicher Landnutzung und ihre räumliche Ordnung im Vorderen Himalaya von Kumaon (Nordwestindien). *Heidelberger Geogr. Arbeiten*, 15, 311—330.

NITZ, H.-J. (1973): Einführung in die Problematik der Zelgensysteme und das Beispiel des Zweizelgen-Systems im Kumaon-Himalaya (Indien). *Erdwissenschaftliche Forschung*, 5. Wiesbaden, 1—9.

OPPITZ, M. (1968): *Geschichte und Sozialordnung der Sherpa. Khumbu Himal. Ergebnisse des Forschungsunternehmens Nepal Himalaya*, 8. Innsbruck.

REGMI, D. R. (1961): *Modern Nepal. Rise and Growth in the Eighteenth Century*. Calcutta.

REGMI, M. C. (1963—1965): *Land Tenure and Taxation in Nepal*. Vol. I (1963): *The State as Landlord: Raikar Tenure*. Berkeley. Vol. II (1964): *The Land Grant System: Birta Tenure*. Berkeley. Vol. III (1965): *The Jagir, Rakam*, and *Kipat Systems*. Berkeley.

SCHLESIER, E. (1956): *Die Grundlagen der Klanbildung*. Göttingen.

SCHMID, R. (1969): *Zur Wirtschaftsgeographie von Nepal. Transport- und Kommunikationsprobleme Ostnepals im Zusammenhang mit der schweizerischen Entwicklungshilfe in der Region Jiri*. Zürich.

SCHWEINFURTH, U. (1956): Über klimatische Trockentäler im Himalaya. *Erdkunde*, 10, 297—302.

SCHWEINFURTH, U. (1957): *Die horizontale und vertikale Verbreitung der Vegetation im Himalaya*. Bonn.

SHRESTHA, A. M. (1967): *Problems of Nepalese Economy*. Kathmandu.

TELBIS, H. (1948): Zur Geographie des Getreidebaus in Nordtirol. *Schlern-Schriften*, 58. Innsbruck.

UHLIG, H. (1973a): Zelgenwirtschaften und mehrgliedrige Siedlungs- und Anbausysteme (Kulu/Mandi, Himal Pradesh und Langtang, Nepal). *Erdwissenschaftliche Forschung*, 5. Wiesbaden, 10—22.

UHLIG, H. (1973b): Der Reisbau im Himalaya. *Erdwissenschaftliche Forschung*, 5. Wiesbaden, 77—104.

VIDYALANKAR, J. CHR. (1959): Die Namen des Mount Everest, *Kartographische Nachrichten*, 9/2, 61—63.

Karten

Nepal-Ost-Kartenwerk des Forschungsunternehmens Nepal-Himalaya:
    Khumbu Himal 1 : 50.000. *Khumbu Himal*, 1/5/1967.
    Tamba Kosi - Likhu Khola 1 : 50.000. *Khumbu Himal*, 7/1/1969.
    Shorong/Hinku 1 : 50.000. *Khumbu Himal*, 7/4/1974.
    Dudh Kosi 1 : 50.000. *Khumbu Himal*, 7/4/1974.